COLEÇÃO ROSA DOS VENTOS

1. UMA FAMÍLIA DO BAIRRO CHINÊS — Lin Yutang
2. REFÚGIO TRANQÜILO — Pearl S. Buck
3. O DIABO E A COROA DO DRAGÃO (Lady Wu) — Lin Yutang
4. JUDAS, O OBSCURO — Thomas Hardy
5. NÃO É TÃO FÁCIL VIVER — Christine Arnothy
6. A MODIFICAÇÃO — Michel Butor
7. TANGUY (A História de um menino de hoje) — Michel del Castillo
8. CASA DE CHÁ DO LUAR DE AGOSTO — Vern Sneider
9. CAMÉLIA AZUL — Frances Parkinson Keyes
10. A SEDE — Assia Djebar
11. OS CAMPOS TORNARAM-SE VERDES — Frances Parkinson Keyes
12. DEUS ESTÁ ATRASADO — Christine Arnothy
13. AO LONGO DE UM RIO — Frances Parkinson Keyes
14. ALÉM DO RIO — Frances Parkinson Keyes
15. QUANDO O VALE FLORIR OUTRA VEZ — Frances Parkinson Keyes
16. PALÁCIO DE GELO — Edna Ferber
17. MORTE NA FAMÍLIA — James Agee
18. TESS (Tess of the D´Ubervilles) — Thomas Hardy
19. A LUZ DA ILUSÃO — Frances Parkinson Keyes
20. O ELO DISTENSO — Daphne Du Maurier
21. O DOUTOR JIVAGO — Boris Pasternak
22. OS JARDINS DE SALOMÃO — Frances Parkinson Keyes
23. AS SEMENTES E AS COLHEITAS — Henry Troyat
24. O CORAÇÃO DA MATÉRIA — Graham Greene
25. A ALDEIA ANCESTRAL — Pearl S. Buck
26. O CAMAROTE REAL — Frances Parkinson Keyes
27. DOCE QUINTA-FEIRA — John Steinbeck
28. ATÉ QUE TUDO ACABOU — James Hilton
29. A FESTA — Margaret Kennedy
30. OITO RUMO À ETERNIDADE — Cecil Roberts
31. O REINO DE CAMPBELL — Frank Tilsley
34. MARY ANNE — Daphne du Maurier
35. OS INSACIÁVEIS — Janet Taylor Caldwel
36. A LESTE DO ÉDEN — John Steinbeck
37. JANTAR NO ANTOINES — Frances Parkinson Keyes
38. RUA DA ALEGRIA — Frances Parkinson Keyes
39. GIGANTE — Edna Ferber
40. OS PARASITAS — Daphne du Maurier
41. A ÚLTIMA FOLHA — O. Henry
43. PALÁCIO FLUTUANTE — Frances Parkinson Keyes
44. O CORAÇÃO DAS TREVAS — Joseph Conrad
45. ... E O VENTO LEVOU — Margaret Mitchell
46. TEMPOS PASSADOS — John Steinbeck
47. UMA AVENTURA NA MARTINICA — Ernest Hemingway

TEMPOS PASSADOS

COLEÇÃO ROSA DOS VENTOS

Dirigida por Oscar Mendes
Até o Vol.44

46

Tradução
CARLOS BITTENCOURT

Capa
CLÁUDIO MARTINS

EDITORA ITATIAIA
BELO HORIZONTE
Rua São Geraldo, 67 - Floresta - Cep.30150-070
Tel. (31) 3212-4600 - Fax.: (31) 3224-5151

John Steinbeck

TEMPOS PASSADOS

ROMANCE

EDITORA ITATIAIA
Belo Horizonte

Título original
THE CUP OF GOLD

2003

Direitos de Propriedade Literária adquiridos pela
EDITORA ITATIAIA
Belo Horizonte

Impresso no Brasil
Printed in Brazil

ÍNDICE

Capítulo I	9
Capítulo II	47
Capítulo III	102
Capítulo IV	135
Capítulo V	203

Capítulo I

I

Durante toda a tarde, o vento soprara de manso por sobre os negros vales de Welsh, como que anunciando ao mundo a chegada do inverno Polar. Leve e recente camada de neve cobria as margens do rio. Era um dia melancólico, cinzento, cheio de inquietação e desconforto, e o suave movimento da brisa parecia lamentar, com uma delicada e terna elegia, alguma alegria perdida. Nos pastos, porém, fortes cavalos de tiro escarvavam o chão; pássaros pequenos, castanhos, pipilando de árvore em árvore, em grupos de quatro ou cinco, íam recrutando os companheiros para a viagem em direção ao sul. No cume das rochas solitárias, algumas cabras, erguendo para o alto os olhos amarelos, pareciam sonhar com os céus.

A tarde descia lentamente, como uma procissão vespertina.

Começaram a surgir as primeiras sombras impelidas por um vento irritante que sussurrava pela grama seca e assobiava através dos campos. A noite aproximava-se, envergando o seu negro capuz e o Santo Inverno mandava a sua mensagem a Gales.

À beira da alta estrada que margeia o vale, correndo ao longo da estreita garganta das montanhas, quase fora do mundo, havia uma velha casa de pedra coberta de colmo. Morgan, que a construiu, jogou contra o tempo, e por pouco deixou de vencer.

Dentro, na lareira, ardia fogo; uma chaleira e um fogareiro negro, ambos de ferro, dividiam as chamas.

O alegre clarão das labaredas brilhava nas pontas delgadas das lanças que se alinhavam junto à parede — armas, que havia cem anos, ninguém usara, desde que Morgan lutara nas fileiras de Glendower e tremera de cólera nas linhas de fogo de Iolo Goch.

Os largos fechos de latão de uma caixa esquecida num canto refletiam a luz e resplandeciam. A caixa continha papéis, pergaminhos e peles ainda não curtidas, escritas em inglês, latim e francês: Morgan nasceu, Morgan casou-se, Morgan tornou-se cavalheiro, Morgan foi enforcado. Eis a história da casa, cheia de glórias e cheia de vergonhas.

Agora a família era pequena, talvez pequena demais para acrescentar outros episódios ao simples "Morgan nasceu... Morgan morreu...".

Havia, por exemplo, o velho Robert, sentado em sua cadeira de alto espaldar e sorrindo para o fogo. Aquele sorriso mostrava perplexidade e um desafio estranho e passivo. Dir-se-ia que investigava o destino responsável pela sua existência, envergonhado, talvez, de si mesmo. Muitas vezes, meditara exaustivamente em sua vida pontilhada de pequenas derrotas, que zombavam de si como as crianças da rua zombam de um coxo que passa. Era estranho para o velho Robert que, sendo ele mais instruído e ponderado que seus vizinhos, nunca tivesse chegado a ser um bom fazendeiro. Às vezes, julgava saber demasiado para poder fazer alguma coisa direito.

Desse modo, o velho Robert ia sorvendo a bebida quente de sua própria fabricação e continuava a sorrir para o fogo. Sua esposa murmurava desculpas, e Robert sabia que os lavradores dos campos, que outrora tiravam o chapéu para Morgan, não faziam o mesmo com ele.

Mesmo sua velha mãe, Gwenliana, sentada a seu lado e aquecendo-se à lareira, como se o vento que soprava fora a enregelasse, não podia ser julgada inútil. Na casa, sua autoridade era inconteste e grandemente respeitada. Quando se sentava no jardim com seu livro de necromancia, era fácil ver algum rapagão da fazenda, envergonhado e amarrotando o chapéu de encontro ao peito, ouvir as magias da velha senhora. Durante muitos anos, ela exercitara essas práticas e sentia-se orgulhosa disso. Embora a família soubesse que suas profecias não passavam de simples conjeturas, e sua sagacidade fosse menos rápida que os seus olhos, ouviam-na respeitosamente, fingindo acreditar, e até mesmo, por vezes a consultavam sobre coisas desaparecidas.

Quando, após uma dessas místicas sessões, os objetos não eram encontrados sob a segunda tábua do soalho, simulavam encontrá-los de qualquer outra forma, pois, perdendo ela a sua ilusão de áugure, restaria apenas uma pobre velhinha nos seus derradeiros dias de vida.

Tal modo de agir representava um duro golpe nas convicções da Sra. Morgan que, aparentemente, era a única pessoa vinda ao mundo para alertar os parvos; mas, como esses acontecimentos não tinham conexão com a Igreja, nem com o preço das coisas, considerava-os como simples tolices.

O velho Robert, durante muito tempo amara demasiadamente a esposa para poder fazer mau juízo dela, e nenhum mau pensamento poderia alterar sua afeição. Quando, naquela tarde, a viu chegar furiosa por causa do preço de um par de sapatos de que absolutamente não necessitava, pensou: "Sua vida é como um livro cheio de grandes acontecimentos. Diariamente, se eleva a um tremendo estado de excitação proveniente do casamento de uma vizinha ou de um botão caído. Provavelmente, quando acontecer uma verdadeira tragédia, nem mesmo a verá passar sobre as montanhas. Talvez seja uma sorte". E um momento depois: "Agora, por exemplo, acho maravilhosa a sua comparação da morte do Rei com a perda de algumas das nossas porcas ruças".

A sra. Morgan estava, no momento, muito ocupada com o tempo para poder atormentar-se com as bobagens da abstração. Alguém da família teria de possuir senso prático, pois, do contrário, o colmo se arruinaria. E que se poderia esperar de um grupo de sonhadores como Robert, Gwenliana e seu filho Henry? Ela amava o marido com um misto de piedade e de desprezo, por seus fracassos e sua bondade, e adorava o filho, o jovem Henry, embora realmente não pudesse confiar no seu critério a respeito do que lhe era benéfico ou nocivo para a saúde. Em compensação, porém, toda a família a amava... e temia.

Enquanto a comida estava no fogo, ela tomou-se de uma agulha e pôs-se a cerzir a roupa. Em meio ao trabalho, porém, deteve-se e lançou um rápido olhar ao jovem Henry, olhar que era a um tempo rude e afetuoso, e parecia dizer: "Aposto em como ele está em vias de apanhar um resfriado, ali no soalho".

Henry estava meditando no que deixara de fazer nessa tarde. Ela ergueu-se, apanhou um pano e foi limpar o pó, deixando o rapazola tranquilo.

Absorto em seus pensamentos, ele apoiou-se num dos cotovelos e fixou o olhar no lume. A noite, invadindo misteriosamente a tarde cinzenta, despertou-lhe fortes recordações das sementes que, meses antes, plantara. Desejava alguma coisa, mas não podia explicar o que era. Talvez, o mesmo anseio que o levava a caçar os pássaros durante as excursões que fazia, o mesmo anseio que levava os animais a aspirarem nervosamente o vento, como que cheirando o inverno. Nessa noite, o jovem Henry concluiu que vivera quinze tediosos anos, sem que o tivesse sacudido qualquer acontecimento importante.

Se sua mãe lhe conhecesse os sentimentos, diria: "Está crescendo, o rapaz!" Seu pai teria repetido: "Sim, o rapaz está crescendo!" Mas nenhum compreenderia o pensamento do outro.

Quem examinasse detidamente Henry notaria como ele se assemelhava impressionantemente com os pais. Da mãe, herdara o osso saliente da face, o queixo firme, o lábio superior curto e fino. Do velho Robert vinham o lábio inferior sensual, o nariz afilado e os olhos sonhadores, bem como o cabelo espesso e encaracolado, que se lhe enrolava na cabeça como feito de negras molas. Mas, enquanto no rosto de Robert se adivinhavam traços de completa indecisão, os do filho revelavam-se enérgicos — caso este pudesse resolver sobre que se decidir.

Ali estavam, pois, os três, diante do fogo, Robert, Gwenliana e o jovem Henry, cujos olhares atravessavam as paredes e viam coisas incorpóreas, como se buscassem os fantasmas da sombra.

A noite negra e silenciosa parecia sobrenatural. Era a hora em que se podiam ver fantasmas deslizando pela estrada, o desfile dos espectros de uma legião romana, marchando a toda pressa para alcançar a proteção da cidade de Caerleon, antes que desabasse a tempestade; os desfigurados habitantes das colinas, procurando os buracos de texugo para neles se protegerem contra a noite... e o vento sibilando e envolvendo-os pelos campos afora...

A casa estava quieta, ouvindo-se apenas o crepitar do fogo e o zumbido do vento sobre o colmo. Um tronco serrado jazia no chão. Uma chama fina subiu e enroscou-se na chaleira negra, como uma flor trepadeira.

A velha Gwenliana aproximou-se da chaminé:

— Robert, você nunca presta atenção ao fogo! Podia muito bem atiçá-lo.

Aliás, era este um dos hábitos dele. Gostava de mexer no fogo para fazê-lo diminuir e, quando ele se extinguia, agitava vivamente as cinzas para restaurar a chama.

Vindo da estrada, percebia-se um leve rumor de passos, som que tanto podia ser do vento como daqueles caminhantes invisíveis. Foi aumentando gradualmente e acabou por se deter junto à porta, na qual se ouviu uma tímida batida.

— Entre! — disse Robert.

A porta abriu-se lentamente e, iluminado contra o negro fundo da noite, apareceu um homem curvado e magro, de olhos doces e claros. Parou no umbral, indeciso, mas, resolvendo-se, entrou no aposento e perguntou com voz estranha e murmurante:

— Não me está reconhecendo, Robert Morgan? Espero que sim. Estive fora tanto tempo!

Suas palavras pareciam uma desculpa.

— Reconhecê-lo? — disse Morgan, investigando aquele rosto envelhecido — Não, não creio. Mas, espere! Talvez seja Dafydd! Dafydd, nosso empregadinho da fazenda, que foi para o mar há tantos anos!...

Na face do viajante, desenhou-se uma sensação de completo alívio. Dir-se-ia que estivera submetendo Robert Morgan a um "teste" cuidadoso e tímido, mas agora sentia-se alegre.

— Naturalmente que sou Dafydd, rico e também cheio de frio — concluiu ele desatentamente, como se lhe voltasse uma dor qualquer.

Dafydd estava acinzentado, escuro como um couro seco. Sua face de pele dura e grosseira parecia mudar de expressão com crescente e vagaroso esforço.

— Realmente estou cheio de frio, Robert — disse com uma voz estranha e seca. — Nunca mais poderei aquecerme. Mas, de qualquer forma, estou rico.

E arrematou, como esperando que ambas as coisas se compensassem:

— Estou rico, graças àquele a quem chamam Pierre, o Grande.

O jovem Henry interpelou, quase gritando:

— Onde foi que esteve, homem? Onde?

— Onde? Estive caçando nas Índias, em Goa e Tortuga — que quer dizer tartaruga — na Jamaica e nos densos bosques de Hispaniola. Estive em todos esses lugares.

— Sente-se Dafydd — interrompeu a senhora Morgan, num tom que deixava supor que o homem jamais se sentara. — Vou trazer qualquer coisa quente para você tomar.

Henry devorava Dafydd com os olhos, como se também ele sempre tivesse desejado ir às Índias.

Dafydd ficou silencioso, como reprimindo o desejo de falar, vagamente assustado da Sra. Morgan, como quando era um humilde criado da fazenda. O velho Robert percebeu-lhe o embaraço e a Sra. Morgan também pareceu senti-lo, pois deixou o aposento depois de lhe ter posto nas mãos uma taça fumegante.

A enrugada velha Gwenliana estava em seu lugar de costume, ao pé do fogo, com o pensamento perdido no futuro incerto. Seus olhos nevoados denunciavam a preocupação do dia de amanhã. Dentro daquela aparência vaga e triste, deviam avolumar-se os constantes sucessos e circunstâncias do mundo. Estava abstrata, mergulhada no tempo, e este era o futuro.

O velho Robert lançou um olhar à porta fechada por sua esposa e seus movimentos foram como os de um cão que se agita.

— Agora, conta-me tudo, Dafydd — disse, parecendo sorrir para o fogo, enquanto Henry, ajoelhado no soalho, olhava atemorizado esse mortal que, conforme imaginava, tinha visto tantas coisas distantes.

— Bem, Robert, eu desejaria falar-lhe da verde jangal e dos escuros indianos que lá vivem, e falar-lhe, também, sobre o chamado Pierre, o Grande. Mas há alguma coisa na minha vida que se foi como a luz vacilante que se apaga. Eu costumava, à noite, deitar-me no tombadilho dos navios e imaginar o modo como contaria, como relataria o que vi quando voltasse para casa. Pode entender isso, Robert?

Inclinava-se ansiosamente para frente.

— Em todo o caso, vá ouvindo. Tomamos um grande navio prateado, desses a que chamam *galeões*, e levamos conosco apenas pistolas e longas facas, dessas usadas para abrir caminho no mato. Éramos vinte e quatro — apenas vinte e quatro esfarrapados — mas fizemos coisas espantosas com essas compridas facas. Não é bom para um homem, antigo empregado de fazenda, levar a cabo essas coisas e depois pensar nelas. Havia um bom comandante que suspendemos pelos polegares, antes de o matar. Não sei porque fizemos isso, embora eu tivesse ajudado. Diziam alguns que ele era um detestável papista, mas desconfio que, por trás de tudo isso, estava Pierre, o Grande. Atiramos ao mar alguns soldados, cujas couraças prateadas, ao afundar, brilhavam e reluziam. Grandes soldados espanhóis! E saíam bolhas de ar das suas bocas. Lá podese ver até bem fundo no mar.

Deteve-se e olhou para o chão.

— Não desejo aborrecê-lo com essas coisas, Robert, mas é como se tivesse algum ser vivo, escondido no peito, sob as costelas, roendo e arranhando para sair de dentro de mim. De fato, sou rico de aventuras, mas às vezes, isso não parece suficiente. Talvez eu seja mais rico do que seu irmão Sir Edward.

Robert sorria com os lábios cerrados e seus olhos fitavam o rapazola ajoelhado no chão. Henry, imóvel, bebia gulosamente as palavras e, enquanto o pai falava, ele evitava os olhares de Dafydd.

— Sua consciência o está oprimindo — disse Robert, — e o melhor será procurar, amanhã, o cura. Entretanto, não sei sobre que deva falar.

— Não, não é minha consciência — prosseguiu Dafydd, rapidamente. — A primeira coisa que acontece na Índia é a consciência abandonar o homem, deixando, em seu lugar, uma sensação fria e seca. Absolutamente, não é a minha consciência! É o veneno que se infiltrou em mim, em meu sangue, em meu cérebro, Robert. Por isso estou murchando como uma laranja velha. As coisas vis de lá, os insetos que à noite se aproximam do fogo voando, e as grandes flores descoradas, venenosas, causam horrível mal-estar a um homem. Neste momento, meu sangue se assemelha a frias agulhas deslizando pelas veias. E, no entanto, há um bom fogo aqui à minha frente. Tudo isso, tudo por causa do ar úmido da jangal. Lá, a gente não se pode deitar nem dormir. O homem consome-se, exaure-se. E os índios escuros... Olhe!

Ergueu a manga do casaco e Robert, contrariado, aconselhou-o a cobrir a branca e horrível ferida que lhe inflamava o braço.

— É apenas uma pequeno arranhão de flecha. Dificilmente se vê, mas acho que me mortificará por muitos anos. Há outras coisas em mim, Robert. Até os seres humanos são venenosos, e uma canção de marinheiro fala disso.

O jovem Henry ergueu-se, excitado.

— Mas os índios! — exclamou — Esses índios e suas flechas! Fale-me deles. Como são? Lutam muito?

— Sim — continuou Dafydd — estão sempre lutando. Lutar é uma paixão inata neles. Quando não estão guerreando os homens de Espanha, matam-se uns aos outros. São flexíveis como serpentes, e rápidos, silenciosos e escuros como o furão, suficientemente hábeis para desaparecer antes que a gente possa atirar contra eles. São robustos e só temem duas coisas: cachorros e escravidão.

Dafydd ia-se empolgando com a própria narrativa:

— Você não pode imaginar, rapaz, o que eles fazem a um homem branco que se deixa apanhar numa escaramuça. Cravam-lhe, dos pés a cabeça, longos espinhos da mata e, na extremidade mais grossa do espinho, colocam uma bola de pano semelhante à lã. Em seguida, o pobre cativo é colocado dentro de um círculo de selvagens nus que, aos poucos, vão chegando o fogo ao pano. E o índio que não cantar, enquanto o homem arde como uma tocha, é amaldiçoado e tratado como covarde. Pode-se imaginar um homem branco fazendo isso? Temem os cachorros porque os espanhóis os caçam com enormes mastins, quando querem arranjar escravos para as minas. A escravidão é horrível para eles: ir para a terra úmida, acorrentados uns aos outros, e lá ficarem ano após ano, até morrerem abatidos pela febre!... Antes sucumbir cantando sob os espinhos de fogo e morrer como uma labareda.

Parou e estendeu a mão fria para o lume, até quase o alcançar. A luz que, enquanto falara, brilhara em seus olhos, desaparecera novamente.

— Oh! estou cansado, Robert, muito cansado. Mas há uma coisa que ainda quero contar-lhe antes de dormir. Talvez me faça bem falar, talvez desabafando possa esquecê-la por uma noite. Preciso regressar àquele lugar horrível. Não posso mais ficar longe da floresta, sua brisa quente está dentro de mim. Aqui, onde nasci, tirito de frio e me congelo. Dentro de um mês estaria morto. Este vale onde brinquei, cresci e trabalhei, arrojou-me para um lugar sujo e quente. É por meio do frio que se desembaraça de mim. Agora, dê-me um lugar para dormir, com grossas cobertas para manter meu sangue em circulação. Pela manhã, irei de novo embora.

Tinha na face uma contorção de dor.

— Antigamente, eu também gostava do inverno!

O velho Robert tomou-lhe o braço e ajudou-o a ir para o quarto. Em seguida, voltou e sentou-se ao pé do fogo. Olhou, então, para o rapaz, imóvel no chão.

— Em que estás pensando, meu filho? — perguntou brandamente após um breve silêncio.

— Estou pensando em que quero partir logo, meu pai.

— Bem o adivinhava, Henry. Este longo ano está agindo sobre ti como sobre uma árvore forte. Londres, Guiné ou Jamaica! Vais completar quinze anos, és forte e estás possuído da paixão das coisas novas. Também eu, um dia, senti que o vale se ia tornando menor, até quase me sufocar. Mas, meu filho, não estás com medo das facas, dos venenos e dos índios? Estas coisas não te atemorizam?

— Não! — respondeu Henry lentamente.

— Talvez não, porque as palavras não possuem para ti nenhum sentido. Mas a tristeza de Dafydd, seu horrível ferimento, seu pobre corpo doente, nada disso te atemoriza? Não tens receio de ir para uma terra dessas?

O jovem Henry meditou longo tempo.

— Não hei-de ficar como ele — disse por fim. — Voltarei muitas vezes para tratar do meu sangue.

O pai continuou sorrindo.

— E quando pensas partir, meu filho? Tua ausência nos deixará em grande solidão.

— Irei logo que possa — respondeu o moço. Parecia ser o velho e o pai um rapazinho.

— Henry, antes de partires, há-de conceder-me duas coisas. Pensarás esta noite na longa vigília que vou ter por tua causa e na tristeza que vai encher os meus dias. Lembrar-te-ás das horas que tua mãe vai gastar no preparo das tuas roupas e da tua religião. Esta é a primeira. A segunda é que irás, amanhã, visitar o velho Merlin, no alto do despenhadeiro, consultá-lo sobre a tua partida e ouvir as palavras dele. É um homem mais instruído do que nós. Ele pratica uma espécie de magia que talvez te possa ajudar. Farás essas duas coisas, meu filho?

Henry ficou muito triste.

— Eu gostaria de ficar, meu pai; mas, o senhor compreende...

— Sim, sim, bem sei. Não posso ficar zangado nem proibir tua partida, porque compreendo. Poderia impedir-te e até espancar-te, se estivesse convencido de que assim te ajudaria. Mas não. Vai para a cama e pensa, pensa em meio ao silêncio e à escuridão.

Após a saída do rapaz, o velho Robert ficou sonhando em sua cadeira.

— Por que será que homens como eu desejam filhos? — indagava consigo. — Talvez porque o fundo das suas pobres almas abatidas desejam que esses novos homens, que são do seu sangue, realizem o que eles não foram suficientemente fortes ou suficientemente corajosos para realizar. É quase uma nova experiência com a vida, como um novo saco de moedas, na mesa de jogo, depois de se ter perdido a fortuna. Talvez ele consiga o que eu poderia ter conseguido há anos, se tivesse tido bastante audácia. Sim! Houve um dia em que pensei que o vale me sufocaria, e estou contente por ver que meu filho encontrou forças para o galgar e percorrer o mundo. Mas... isto ficará tão triste sem ele!...

II

Na manhã seguinte, o velho Robert regressou tarde do seu jardim onde cultivava rosas e penetrou no quarto que sua esposa estava varrendo.

Ela olhava, com ar de reprovação, as mãos do marido sujas de terra.

— Ele que ir embora, mulher! — insinuou Robert nervosamente.

— Ele quem, e para onde? — indagou ela, aborrecida e preocupada com o seu trabalho.

A vassoura rápida e firme erguia o pó dos cantos e das fendas do soalho, levando-o, em pequenas porções, para a porta.

— O nosso Henry. Ele está querendo ir agora para as Índias.

A mulher interrompeu o trabalho e fitou o marido.

— Índias? Mas, Robert, que tolice! — exclamou. E a vassoura movia-se, agora, mais rápida em suas mãos.

— Há muito que venho observando como esse desejo cresce nele — continuou Robert. — E, agora, apareceu Dafydd com as suas histórias. Henry disse-me, ontem à noite, que precisa partir.

— Mas ele não passa de um menino! — retrucou a mulher — E não pode ir assim para as Índias!

— Quando Dafydd se retirou, percebi-lhe nos olhos um ardente desejo de partir; e, enquanto não for, não ficará satisfeito. Não reparaste como os olhos dele procuram, para além das montanhas, alguma coisa vivamente desejada?

— Mas ele não pode ir, não pode!

— Nada podemos fazer, mulher! Há um grande abismo entre mim e meu filho, e ninguém poderá se interpor. Se eu não soubesse tão bem o que lhe vai na alma poderia, talvez, proibir-lhe essa aventura, mas ele fugiria com o ódio no coração. Ele não pode compreender quanto a sua presença nos é necessária e, de qualquer forma, não conseguiríamos modificar os seus projetos.

Um momento depois, acrescentou convictamente:

— Há uma cruel diferença entre mim e meu filho. Há anos que venho observando isso. Ele saracoteia, enfiando o dedo de panela em panela, convencido de que todos hão-de-provar a sopa dos seus sonhos. Eu não posso destapar nenhuma panela, porque julgo, de antemão, que toda a sopa está fria. E assim ele sonha com grandes pratos de sopa purpúrea, temperada com leite de dragão e adoçada com açúcar que só existe em sua imaginação. Fica embalado em seus sonhos, ao passo que eu — Deus me perdoe! — tenho medo.

A senhora Morgan ia ficando impaciente com o que ouvia o marido dizer.

— Robert, — disse com acrimônia — sempre que temos um pressentimento, uma necessidade, uma tristeza, você fica escondendo as palavras. Neste momento, você tem um dever a cumprir. O rapaz é muito novo, a travessia do mar é cheia de perigos e, por outro lado, o inverno está se aproximando de nós. Ele ignora que uma simples tosse pode matá-lo durante o inverno e você não sabe quanto a umidade nos pés lhe faz mal. Além disso, Henry não deve deixar esta fazenda, ainda que seja para se dirigir a Londres. Esse sentimento que você diz ler nos olhos deles, morre-lhe na cabeça. Você não pode saber quem conversou com ele e lhe meteu na cabeça essas misérias e perversidades. Eu conheço a maldade que vai pelo mundo, e não é em vão que o Senhor Cura fala dela todos os sábados. São todas armadilhas e emboscadas. Enquanto isso, em vez de estar fazendo alguma coisa, aí está você, dizendo tolices a respeito de sopa purpúrea. Não, você não deve consentir.

Robert insistiu, ligeiramente irritado:

— Para você, ele não passa de um menino que deve fazer as suas orações à noite e pôr o capote quando vai ao campo. É porque você não experimentou, como eu, o aço polido de que ele é feito. Sim, para você, aquela proeminência do queixo é apenas um sinal de obstinação numa criança de cabeça dura. Eu, porém, sei, e lhe digo sem prazer, que o nosso filho será um grande homem, porque... bem, porque não é muito inteligente. Apenas poderá ter uma ambição de cada vez. Eu disse que ele se embalava em sonhos, mas matará todos esses sonhos com a seta implacável do seu desejo. Alcançará todos os objetivos a que aspirar, porque não admite outro pensamento, outra razão além da sua. Estou apreensivo a respeito do seu grande futuro, por causa do que me disse Merlin. Observe-lhe a mandíbula granítica e o modo que ele tem de retesar os músculos da face.

— Seja como for, ele não deverá ir — objetou a mulher com firmeza, apertando fortemente os lábios.

— Dir-se-ia que você tem alguma coisa contra Henry — insinuou Robert — pois não admite idéia que não seja a sua. Eu não proibirei a ida de nosso filho, pois não quero que ele saia furtivamente para a escuridão solitária, com pão e queijo debaixo do paletó, e um sentimento de injustiça no coração. Vou deixá-lo partir. Até o ajudarei, se ele assim o quiser. Se se arrepender, voltará humildemente, tremendo e desejando que ninguém mencione a sua covardia.

— Tolices! — exclamou a senhora Morgan, voltando ao trabalho.

Tentava resolver esse problema sem acreditar nele. Quantas outras coisas sepultara no limbo da sua incredulidade! Durante anos esmagara os esvoaçantes pensamentos de Robert com uma pesada maça de bom senso. Seus argumentos sempre o haviam submetido, levando-o a retirar-se amargurado e com um triste sorriso nos lábios. Também neste caso — pensava ela — acabaria por trazê-lo ao juízo perfeito.

* * *

Com as mãos fortes e morenas, Robert ia revolvendo a terra em torno das raízes de uma roseira. Seus dedos tomavam a negra marga, comprimindo-a no devido lugar. Como sempre, apertava com carinho o cinzento tronco da planta. Era como se estendesse uma coberta sobre alguém que fosse dormir e lhe acomodasse os braços para ficar certo da sua tranquilidade.

O dia estava claro, pois o inverno se afastara um pouco, enviando ao mundo o seu refém — um débil sol morno. O jovem Henry aproximou-se e permaneceu ao pé de um olmo, junto à parede, árvore escura, desfolhada e frágil, sem proteção contra os ventos.

— Pensaste, como te pedi? — perguntou Robert delicadamente.

Henry sobressaltou-se. Não sabia que o homem ajoelhado, parecendo adorar a terra, notara a sua presença, não obstante ter vindo para ser percebido.

— Sim, pai — respondeu. — Em que o poderei ajudar pensando?

— E vieste aqui? Ficarás conosco?

— Não, pai. Não poderei ficar.

O moço entristeceu-se com a contrariedade que causava ao pai. Sentia-se vil por causa disso, mas o desejo de partir roía-lhe o coração.

— Irás, então, ao penhasco falar com Merlin? Ouvirás atentamente as palavras dele?

— Irei agora mesmo.

— Mas, Henry, já passou quase metade do dia e o caminho é longo. Não será melhor esperar até amanhã?

— Não, meu pai; amanhã já deverei estar longe.

As mãos do velho Robert ergueram-se mansamente do chão e ficaram, meio abertas, cheias da negra terra das raízes da roseira.

III

O jovem Henry abandonou a estrada e subiu por uma larga vereda, em direção ao cume do Crag, pela agreste montanha. As curvas da vereda podiam ser vistas de baixo, até desaparecerem na grande fenda. No ponto mais alto, residia Merlin, o Merlin que, em suas raras descidas da montanha, era alvo das zombarias dos rapazes das fazendas, os quais íam mesmo ao extremo de apedrejá-lo. Julgavam-no ingênuo. Uma multidão de lendas se criara a seu respeito. Afirmava-se, por exemplo, que o Tylwyth Teg lhe obedecia e transportava suas mensagens nas asas silenciosas. As crianças falavam de certas doninhas que executavam as vinganças que ele pedia e, além de tudo isso, havia um cachorro de orelhas vermelhas. Essas coisas eram terríveis e Merlin tinha de sofrer a zombaria das crianças que não conheciam os meios de se defender.

Os velhos asseveravam que, em outros tempos, ele fora um poeta, e poderia ter sido dos maiores. Para prová-lo cantavam suavemente *The Sorrow of Plaith* ou *Spear Song*. Muitas vezes, ganhara o primeiro prêmio do *Eeisted-defod*, e teria sido sagrado o primeiro vate, não fora a competição de um pretendente da Casa de Rhys. Depois disso, sem que ninguém soubesse o motivo, Merlin encerrara o seu canto na casa de pedra do alto do Crag, e lá ia envelhecendo, fechado como um prisioneiro. Aqueles que cantavam suas canções, esqueceramno ou morreram.

A casa do alto do Crag era redonda, com uma torre atarracada e cinzenta. Através das suas janelas, avistavamse o vale e as montanhas. Uns diziam que, havia séculos, fora construída por um gigante para proteger as suas virgens; outros que o rei Haroldo para lá fugira depois da batalha de Hastings, a fim de salvar a vida, vigiando sempre, com seu único olho, o vale embaixo e as montanhas em cima, para saber da chegada dos Normandos.

Merlin, agora, estava velho: seu cabelo e sua barba comprida e direita eram brancos e macios como as nuvens da primavera, e ele mais parecia um velho padre druída, com seus olhos claros e penetrantes observando as estrelas.

A vereda estreitava-se à medida que o jovem Henry ia subindo. Seu lado interior era uma parede de rocha viva, como talhada por instrumento celeste, e o lado exterior, que marginava o precipício, marcado aqui e ali de vagas imagens esculpidas, parecia o templo de granito de alguma cruel e antiga divindade, cujos adoradores fossem bugios.

No sopé da montanha, ainda havia grama, arbustos e algumas árvores silvestres e retorcidas; logo acima, porém, toda a vegetação fenecera por causa da aridez da rocha. Ao longe, na planície, as casas das fazendas misturavam-se como gordos percevejos e o vale parecia contrair-se e encolher-se.

Bruscamente, uma montanha barrava a outra extremidade do caminho, deixando apenas avistar, por uma grande fenda, o céu. Um vento constante e forte, atirava-se por sobre o vale. Lá em cima, as rochas espalhadas eram maiores e mais negras, como guardas curvados defendendo a vereda.

Henry subia dificultosamente. Que poderia dar-lhe ou dizer-lhe o velho Merlin? Alguma loção para enrijar a pele e torná-la à prova de flechas? Um filtro mágico? Palavras para protegê-lo dos incontáveis e pequeninos servos do demônio? Merlin poderia falar e Henry ouvir: mas as palavras do primeiro convenceriam o segundo a conservar-se em Câmbria para sempre? Não, isso não poderia suceder, porque forças estranhas, desconhecidos fantasmas o chamavam, acenando-lhe do mar misterioso.

O moço não alimentava qualquer ambição de grandeza ou poderio, nem imaginava o que aconteceria quando tivesse satisfeito os seus desejos; sentia, apenas, um invencível e ardente desejo de viajar pelo estrangeiro, bem para além da mais próxima e brilhante estrela.

A vereda terminava no topo de uma sólida pedra semicircular, semelhante à copa de um chapéu. Um pouco adiante, estava a casa de Merlin, toda em pedras ásperas e irregulares, com um teto em cone, como o de um lampião.

Antes mesmo de o moço ter batido, já o velho estava à porta.

— Sou Henry Morgan, senhor, e vou partir para o estrangeiro, para as Índias.

— Vais mesmo partir? E vieste conversar comigo a esse respeito?

A voz do ancião era baixa, clara e suave como o vento cantando num pomar, pela primavera. Havia nela a música da poesia, o tranquilo cantar do homem que maneja as suas ferramentas. Tinha o tom suave, mal ouvido ou simplesmente imaginado, de cordas de harpa levemente tocadas ou deixadas a vibrar.

O aposento único era espessamente forrado de negro e, das paredes, por todos os lados, pendiam harpas e pontas de lanças. Pequenas harpas de Welsh e largas folhas de bronze das lanças dos bretões, encostadas ao longo da parede. As janelas davam para todos os lados: para os três vales e para a enorme cadeia de montanhas. Em toda a extensão do aposento, abaixo das janelas e encostado à parede, havia um banco circular. No centro, uma mesa coberta de livros desmantelados e, ao lado desta um braseiro de cobre, sobre um tripé grego de ferro batido.

Um grande molosso farejou Henry logo que o viu chegar, fazendo-o recuar instintivamente, amedrontado, porque no ar pairava alguma coisa mais terrível do que a simples presença de um imenso cachorro de orelhas vermelhas.

— Vais então partir para as Índias? Senta-te aqui, meu rapaz. Daqui poderás avistar o vale que tanto conheces, e nem por isso terás de voar para o Avalon.

As harpas soaram, como timidamente sussurrantes.

— Meu pai aconselhou-me a vir aqui falar da minha partida e ouvir os seus conselhos, imaginando que o senhor poderá dissuadir-me de partir.

— Partir para as Índias... — repetiu Merlin. — Antes, porém, irás ver Elizabeth e far-lhe-ás grandes promessas que lhe perturbarão o coração. Após a tua partida, ela ficará pensando nas coisas que lhe trarás.

Henry corou fortemente.

— Quem lhe disse que eu pensava nessa moça? — interrogou — Quem lhe disse que me interesso por ela?

— Oh, foi o vento! — disse Merlin — Percebi alguma coisa no teu modo de falar e, agora, no teu espanto. Acho que devias falar com Elizabeth e não comigo. Teu pai devia saber disso.

A voz sumiu-se e, quando novamente se fez ouvir, foi triste e grave:

— Irás deixar teu pai sozinho, no vale dos homens que não são como ele? Sim, penso que deves partir. Os planos da mocidade são coisa muito séria e não devem ser alterados. E que posso eu dizer para convencer-te a ficar, jovem Henry? Teu pai propôs-me um problema muito difícil de resolver. Há já muitos anos embarquei num grande navio dos espanhóis. Talvez fosse mais do que isso, ou talvez eu apenas tivesse sonhado, e não ido. Por fim, chegamos às verdes Índias, que eram lindas mas imutáveis. Seu ciclo é uma monotonia de verdura. Se lá fores, terás de renunciar ao tempo, terás de perder o medo do futuro inverno rigoroso, porque, nesse mundo, não existe a homenagem do sol que se espraia pelo espaço solitário e, por isso, a primavera jamais poderá voltar. Extinguir-se-á em ti essa alegre e excitada vivacidade produzida pelo regresso do sol; a alegria de vê-lo brilhando por sobre a tua cabeça, como uma encapelada onda de calor que tudo afoga em prazer e contentamento.

— Mas, aqui, também não há variações. — interrompeu o jovem — Ano após ano, sucedem-se as colheitas, novos bezerros nascem para serem lambidos por suas mães; ano após ano, mata-se um porco e o presunto é defumado. A primavera vai e volta, e nada acontece de novo.

— Na verdade, cego rapaz, vejo que estamos falando de coisas diferentes.

Merlin olhou através das janelas para as montanhas e vales e, em seus olhos, luziu o grande amor pela terra. Quando, porém, se voltou para o moço, havia em sua face uma sombra de tristeza. Sua voz tomou a cadência de uma canção:

— Falarei contigo desta Câmbria querida, onde o tempo se conta pelas altas montanhas e pelos desmoronamentos, pelos dias passados à sombra das encostas — continuou ele apaixonadamente. — Perdeste, acaso, o amor à alegre Câmbria, e pretendes abandoná-la quando o sangue de milhares dos teus ancestrais empapou seu solo para poderem mantê-la em seu poder? Esqueceste de que pertences a uma raça troiana? Ah! eles também erraram, na verdade, quando Pérgamo capitulou.

— Não, não, meu amor por ela permanece grande, mas o meu sonho é o mar que não conheço. Câmbria já a conheço muito bem — respondeu o moço.

— Meu rapaz, aqui viveu o grande Artur que levou seus estandartes até Roma, e velejou, invencível, até a querida Avalon. E Avalon está para além das nossas costas, em algum lugar sobre as terras submersas, e lá perdura indefinidamente. Não ouviste falar deles, Henry? Dos fantasmas de todos esses homens bons, valentes, exaltados e ineficientes: Llew Law, Giffes, Beleriu, Arthur, Cadwallo e Bruto? Andam sobre a terra como nuvens, e protegem-na das alturas. Não há fantasmas nas Índias, nem Tylwyth Teg. Há milhões de mistérios por estas negras e bravias colinas. Descobriste, acaso, a cadeira de Artur, ou compreendeste o significado das pedras circulares? Ouviste as vozes que à noite proclamam o triunfo? E os caçadores de almas, com suas trompas estridentes e suas matilhas de tristes sabujos que percorrem as cidades durante as tormentas?

— Sim, ouvi — disse o moço estremecendo. Lançou um tímido olhar ao mastim adormecido no chão, e continuou em voz baixa:

— O Senhor Cura afirma que essas coisas estão mortas. Ele diz que o Livro Vermelho só serve para ser lido por crianças, ao pé do fogo. Para homens e rapazes acha que é uma vergonha acreditar em tais lendas. Garantiu, na escola da igreja, que todas essas histórias são mentirosas e anticristãs. Explicou ainda que Artur era um chefe sem importância, e Merlin, cujo nome o senhor usa, não passa de uma invenção do cérebro doente de Geoffrey de Monmouth. Ainda falou mal de Tylwyth Teg, dos cadáveres luminosos, de sua honra e de seu cão.

— Oh, o louco! — gritou Merlin aflito. — O louco, pretendendo destruir essas coisas! E quer substituí-las por uma história deixada ao mundo por doze colaboradores de convicções não muito fortes a respeito de certos assuntos! Por que hás-de tu partir, meu rapaz? Não vês que os inimigos de Câmbria em vez de espadas lutam agora com a língua ferina?

As harpas tornaram a soar mansamente a essas perguntas, foram depois cessando de vibrar e o silêncio reinou na casa redonda.

Henry observou o chão riscado de silhuetas e disse por fim:

— Há uma grande confusão dentro de mim e não posso, agora, falar disso, senhor. Mas hei-de voltar. Voltarei quando esta sede de aventuras se tiver extinguido. O senhor precisa compreender por que necessito partir: é que tenho a impressão de estar cortado ao meio e apenas uma das metades estar aqui comigo. A outra está no mar, chamando-me, chamando-me para se completar. Amo Câmbria e voltarei quando novamente estiver inteiro.

Merlin olhou a face do rapaz e voltou-se tristemente para as suas harpas.

— Acho que compreendo — disse com suavidade. — És um menino que deseja a lua para usá-la como uma taça prateada. Não é difícil que te venhas a tornar um grande homem, uma vez que continuas uma criança. Todos os grandes do mundo foram meninos que desejaram a lua, correndo e galgando e, às vezes, apanhavam um vagalume. Se, entretanto, vieres a adquirir mentalidade de homem, chegarás a conclusão de que não podes alcançar a lua e, mesmo que o pudesses, não o desejarias. Assim sendo, não apanhes vagalumes.

— Mas o senhor nunca desejou a lua? — perguntou Henry com a voz serenada pela tranqüilidade do aposento.

— Desejei-a, sim, desejei-a mais do que qualquer outra coisa. Tentei alcançá-la e, depois... depois, tornei-me um homem e um fracasso. Há, contudo, uma certa recompensa: o povo sabe quando alguém fracassa e, lamentando-o, é bondoso e gentil. Esse alguém tem todo o mundo consigo e uma parte do seu próprio povo — a roupagem da mediocridade. Mas quem apanha um vagalume, tentando alcançar a lua, é duplamente solitário. Somente ele pode compreender o verdadeiro fracasso, pode avaliar suas baixezas, seus temores e seus subterfúgios. Atigirás a grandeza, mas talvez fiques nela sozinho, sem amigos em parte alguma, cercado apenas pelos que só por medo te hão-de respeitar. Lamento-o, rapaz, pois tens um olhar claro e reto, que está constantemente fixo nas alturas. Lamento-te e — Santo Deus! — Como te invejo!

A escuridão ia-se insinuando através das rugas das montanhas, cobrindo-as de uma purpurina cerração. O sol escondera-se atrás de uma eminência pontiaguda e derramava-se pelo vale. As esguias sombras dos picos alongavam-se pelos campos, semelhantes a gatos cinzentos. Quando Merlin voltou a falar, um ligeiro sorriso lhe alegrava a face.

— Não leves muito a sério as minhas palavras, pois eu mesmo não estou certo delas. Os sonhos podem ser conhecidos pelo que denominamos inconsistência, mas como se há-de classificar a luminosidade?

A noite ia se aproximando rapidamente. Henry preparou-se para voltar.

— Preciso ir andando. Já está ficando escuro.

— Sim, precisas ir, mas não penses muito em minhas palavras. Talvez eu tenha tentado impressionar-te com elas. Os velhos precisam da silenciosa lisonja daqueles a quem estão falando. Lembra-te apenas de que Merlin te falou e, se em alguma parte encontrares alguém de Welsh cantando as canções que há muito tempo compus, dize-lhe que me conheces, dize-lhe que sou uma criatura gloriosa, de asas azuis. Eu não quero ser esquecido, Henry. Para um velho, o esquecimento é pior do que a morte.

— Agora preciso ir — insistiu Henry. — Já está muito escuro. Obrigado, senhor, pelas palavras que me disse, mas tente compreender: eu preciso navegar para as Índias.

Merlin riu silenciosamente.

— Sem dúvida, você precisa ir, Henry. Veja se apanha um grande vagalume. Não deixes de o fazer e adeus, rapaz.

Já fora, Henry ainda se voltou uma vez para a silhueta negra da casa do despenhadeiro, mas nenhuma luz brilhava nas janelas.

Merlin lá estaria sentado, conversando com suas harpas, mas elas repetiam com desdém o que ele dizia.

O rapaz apressou o passo, vereda abaixo. Ao longe, tudo era um enorme lago negro, e as estrelas, luz das fazendas, tremeluziam em sua profundeza. O vento amainara, deixando sobre as colinas um pesado silêncio. Por toda a parte a tristeza. Fantasmas silenciosos moviam-se com desenvoltura. Henry caminhava cautelosamente, olhos fixos na vereda que surgia, incerta, à sua frente.

IV

Na escuridão da vereda, as primeiras palavras de Merlin voltaram à mente de Henry. Deveria procurar

Elizabeth antes de partir? Parecia-lhe que não gostava dela e, às vezes, até julgava odiá-la.

Elizabeth era misteriosa. Todas as mulheres escondem dentro de si alguma coisa de que nunca falam. A velha Gwenliana possuía segredos terríveis a respeito de biscoitos e, às vezes, punha-se a gritar sem razão aparente. Decerto, existia outra vida no íntimo das mulheres, pelo menos de algumas mulheres, correndo paralela à sua vida exterior e sobre a qual nunca se manifestavam.

Apenas um ano atrás, Elizabeth era ainda uma linda criança: cochichava segredinhos com as outras, ria-se sem motivo e puxava-lhe os cabelos quando ele passava perto. De repente, sofrera uma transformação. Não era coisa que Henry pudesse perceber claramente, mas sentia que uma profunda e suave harmonia se apossara dela. Assustava-o toda essa sabedoria que, segundo presumia, Elizabeth adquirira de uma só vez.

Sentia que o corpo dela, de alguma forma diferente do seu, tinha a capacidade de estranhos feitiços e prazeres. Até nesse corpo exuberante guardava ela um segredo. Tempos atrás, haviam ido juntos nadar no rio e ela não tivera consciência da sua nudez; agora, porém, cobria-se cuidadosamente e parecia chocar-se só em pensar que ele pudesse ver alguma coisa. O novo caráter da moça amedrontava e embaraçava Henry.

De vez em quando, sonhava com ela e sentia-se agoniado só em pensar que ela poderia adivinhar o seu sonho. Em outras ocasiões, era uma surpreendente mistura de Elizabeth e sua mãe que se lhe representava de noite. Após esses sonhos, passava o dia aborrecido consigo mesmo e com ela. Considerava-se um monstro e a ela um diabo em figura de gente. A ninguém podia falar desses sonhos, pois os outros acabariam por evitá-lo.

Em todo o caso, imaginou que seria agradável vê-la antes de partir. Agora Elizabeth possuía um estranho poder, um vago poder que se insinuava e agitava o seu desejo como o vento açoita um caniço. Outros rapazes deviam tê-la procurado à noite, talvez mesmo a tivessem beijado e, com certeza, se jactavam um pouco dessas aventuras. Mas, naturalmente, não sonhariam nem pensariam nela como ele o fazia, da sua maneira odiosa. Existia em si, sem dúvida, alguma anormalidade, pois não lhe era possível distinguir quanto a aborrecia ou quanto a desejava. Por outro lado, poderia sentir-se perturbado com muita facilidade.

Não. Decididamente não iria vê-la. Mas como sucedera que Merlin e os outros haviam adquirido a certeza de que ele se preocupava com ela, com a filha de um pobre rendeiro? Era isso que mais o incomodava.

Ouviu à frente o som de passos descendo a vereda, um fraco ruído dentro da quietude da noite. E, em breve, avistou uma figura ágil e magra.

— É por acaso William? — indagou o rapaz polidamente, enquanto a figura se detinha na estrada e mudava a picareta de um ombro para outro.

— É realmente William. E que está você fazendo por aqui, com esta escuridão?

— Fui ver Merlin e falar-lhe.

— Diabos o levem! Agora só faz falar. Antigamente, compunha canções, belas e doces canções que eu lhe repetiria se me lembrasse. Mas agora fica empoleirado no alto do Crag, como uma velha águia doente. Uma vez, passando por lá também falei com ele e, como não sou homem para segurar a língua, perguntei-lhe: "Por que não faz mais canções?" "Porque não faço mais canções? — respondeu-me. — Porque me tornei um homem e num homem não existem canções. Somente as crianças as fazem. As crianças e os idiotas". Diabos o levem! Não passa de um asno. Mas... que lhe disse ele, o velho urso branco?

34

— É que, você sabe, eu vou para as Índias e...

— Para as Índias? Você? Ah, bem! Uma vez estive em Londres. Todos os que vivem em Londres são ladrões, imundos ladrões. Havia um homem com uma tábua e pequenas varetas achatadas. "Experimente as suas habilidades, amigo!" — disse ele. — Qual a vareta marcada de preto na parte de baixo?" "Esta" — respondi, apontando para uma delas. De fato era aquela. Na vez seguinte, porém... Era também um ladrão. São todos ladrões. A gente que vive em Londres não faz outra coisa senão passear de carruagem, subindo uma rua e descendo outra, curvando-se uns em frente aos outros, ao passo que os homens bons acabam seus dias nos campos e nas minas para que eles possam continuar a fazer mesuras. Que possibilidades temos, eu e você, diga lá, em todos esses lindos e cômodos lugares assaltados por ladrões? E pode informar-me o preço absurdo de um ovo em Londres?

— Tenho de seguir meu caminho agora — disse Henry. — Preciso ir para casa.

— As Índias! — suspirou William. E atravessando o caminho: — Aposto em como também lá há ladrões!

A noite ia adiantada, quando Henry chegou à pobre cabana onde vivia Elizabeth. Repassou na lembrança a fogueira que ardia no centro do aposento, e a fumaça que subia e tentava escapar através de um pequeno buraco aberto no colmo. A cabana não era pavimentada, havendo apenas, aqui e ali, alguns estrados de madeira. Quando a família dormia, embrulhava-se em peles de carneiro e estendia-se em círculo, com os pés para o fogo.

As janelas não tinham vidros nem cortinas e, através delas, Henry via o alto e escuro Twin e sua magra e nervosa mulher, movendo-se no interior. Esperou que Elizabeth passasse pela janela e, quando isso se verificou, soltou um penetrante assobio, semelhante ao chamado de um pássaro. A moça parou e olhou para fora, mas Henry permaneceu quieto no escuro. Elizabeth veio à porta e ficou parada contra a luz que reinava no interior e Henry podia ver-lhe os contornos do corpo através do vestido, a fina curva das pernas e a forma graciosa dos quadris. Uma vergonha apoderou-se do rapaz, que sem mais pensar em coisa alguma, como alucinado, saiu a correr pela escuridão, arquejante e quase sufocado.

V

Um raio de esperança brilhou nos olhos do velho Robert quando o rapaz entrou na sala, mas logo se desfez e o homem se voltou para a lareira. A Sra. Morgan, no entanto, saltou da cadeira e dirigiu-se a Henry com ar aborrecido:

— Que tolice é essa de você partir para as Índias?

— Mamãe, preciso de ir. Preciso mesmo e papai já o compreendeu. A senhora não pode avaliar como as Índias me atraem.

— Sim, não posso, mas posso saber que é uma refinada tolice. Você não passa de uma criança, e não pode afastar-se de casa. Além disso, seu próprio pai lhe fará saber que isso não é possível.

O queixo do rapaz parecia uma pedra e os músculos saltavam-lhe na face. Subitamente, um clarão de raiva fulgurou em seus olhos.

— Pois se a senhora insistir em não querer compreender, asseguro-lhe que partirei amanhã, suceda o que suceder.

A face da mulher revelou, a princípio, um orgulho ferido e, a seguir, incredulidade. Mas ambos os sentimentos passaram, deixando apenas em seu lugar a dor. Encolheu-se, magoada. Quando o rapaz compreendeu o que suas palavras haviam feito, aproximou-se rapidamente.

— Sinto muito, mamãe! Sinto muitíssimo! Mas por que não há-de a senhora deixar-me ir, como já fez meu pai? Não quero magoá-la mas preciso partir. A senhora não compreende isso?

Abraçou-a mas ela não queria olhá-lo. Os olhos dele fitaram-na confusamente.

Estava convencida de que sua maneira de pensar era a mais acertada. Durante toda a vida ralhara, franzira as sobrancelhas e censurara a família e todos consideravam sua tirania como uma demonstração de afeto. Agora, porém, que um deles, e o mais novo, empregara com ela o tom que ela sempre usara, sentira como que o rasgar de uma grande ferida que jamais cicatrizaria inteiramente.

— Falaste com Merlin? Que te disse ele? — Perguntou Robert.

O pensamento de Henry fugiu rapidamente para Elizabeth.

— Falou-me de coisas em que não acredito — respondeu.

— Bem, era apenas uma oportunidade — murmurou o pai. — Magoaste muito tua mãe, rapaz. Nunca a vi, assim, tão... tão calada!

Em seguida, endireitou-se e sua voz tornou-se firme.

— Tenho cinco libras para te dar, meu filho. É pouca coisa. Talvez devesse dar-te mais, mas não quero que contes demasiado comigo. Aqui está também uma carta em que te recomendo a meu irmão, Sir Edward. Ele partiu antes do Rei ter sido assassinado e, por qualquer motivo, talvez por que fosse muito moderado, o velho Cromwell deixou-o em paz. Se ele estiver na Jamaica, quando lá chegares, apresenta-lhe esta carta. É um homem frio e esquisito, que cultiva com orgulho as suas amizades ricas e, talvez, não lhe seja muito agradável receber um parente pobre. Não sei, portanto, que bem te possa advir desta carta. Talvez, também, ele se surpreenda de que não tenhas querido ficar comigo e se limite a dar grandes passadas com uma espada de prata presa à cintura e um chapéu emplumado na cabeça. Certa vez rime disso e, desde então, não ficamos muito amigos. Em todo o caso, guarda essa carta que te pode ser de alguma utilidade junto a outras pessoas que não teu tio.

Robert olhou para a esposa cuja silhueta se divisava confusamente na sombra.

— Não teremos ceia hoje? — perguntou.

E, como ela não demonstrasse tê-lo ouvido, ele próprio apanhou a panela e trouxe a comida para a mesa.

É uma coisa cruel perder-se um filho para o qual sempre se viveu devotadamente. Ela continuava a imaginálo um menino que devia ficar sempre a seu lado e agora pensava nos dias futuros, sem a presença dele, mas sua pobre imaginação não ia muito longe. Tentou considerálo um ingrato por desertar do seu carinho, pensou no duro golpe que acabava de receber, mas seus pensamentos desmoronavam. Henry era seu filho e, portanto, não podia ser mau e pérfido. De qualquer modo, quando todo esse solilóquio e sofrimento tivessem passado, ele poderia ainda ficar ao lado dela, deliciosamente a seus pés.

Sua mente que sempre fora um escalpelo da realidade e sua imaginação que unicamente fora atraída para a imediata exterioridade das coisas, voltava-se para a criança que engatinhava, ensaiava ainda os primeiros passos, apenas balbuciava. Esquecia-se de que ele crescera, tão profundamente estava mergulhada no devaneio daquele passado saudoso.

Fora batizado com uma comprida camisola branca. Toda a água do batismo, como uma só gota, descera-lhe pelo nariz empolado e, em sua paixão pelo asseio, ela enxugara-a com um lenço. Perguntara, depois, se ele não devia ser novamente batizado. O jovem Cura suava, embaraçado com suas perguntas. Viera havia pouco para a paróquia, e era apenas um rapaz da localidade, realmente muito jovem para ser investido num cargo de tamanha importância. Talvez não devesse exercê-lo. Podia até pronunciar as palavras erradamente e prejudicar, assim, o futuro do menino. Robert também cometera erros, ao vestir o colete. Nunca fora capaz de pôr o botão na casa certa, o que o fazia parecer doente de um lado. Precisava aproximar-se dele e falar-lhe sobre o colete, antes que as pessoas presentes na igreja notassem o fato. Pequenas coisas como essa certamente davam que falar. Poderia estar certa de que o tolo do Cura não deixaria a criança cair, enquanto ela se afastasse?

A ceia estava terminada e a velha Gwenliana ergueu-se para voltar ao seu lugar junto do fogo. Sentia, agora, o pensamento deslizando para o futuro.

— A que horas partirás amanhã? — perguntou Robert.

— Mais ou menos às sete, meu pai.

Henry esforçava-se por conservar um ar natural.

A velha interrompeu, por um momento, seus pensamentos e olhou severamente para o filho.

— Mas afinal, para onde vai, Henry? — perguntou ela.

— Então você ainda não sabe? Henry vai deixar-nos amanhã, porque parte para as Índias — respondeu Robert.

— E não voltará mais? — indagou Gwenliana ansiosamente.

— Vai demorar algum tempo, porque é longe, muito longe.

— Mas, mas... Então, preciso mostrar-lhe o futuro, mostrar-lho como nas páginas de um livro aberto! — exclamou ela presa de grande excitação. — Preciso falar-lhe do porvir e das coisas dele. Deixe-me olhar para você, rapaz.

Henry aproximou-se e sentou-se a seus pés, enquanto ela falava. Há realmente uma fascinação na antiga língua gálica, tão própria para as profecias.

— Naturalmente, — disse Gwenliana — se eu só conhecesse o dia de hoje, deveria consultar o osso da espádua de um carneiro recém-morto. É um costume de grande antiguidade e um pensamento melhor do que uma profecia de grande monta. Desde que fiquei velha, trôpega e alquebrada, não posso mais sair em busca dos espíritos que vagueiam pelos altos caminhos. Você não pode agir bem, se em vocês não houver a idéia de passear ao lado da morte errante, ouvindo seus pensamentos. Eu, porém, lhe darei uma vida perfeita, meu filho, e também um belo futuro, como sempre desejei.

Recostou-se em sua cadeira e pareceu fechar os olhos. Mas, se alguém a olhasse de perto, veria um fulgor entre suas pálpebras, com o qual fitava a face do rapaz. Permaneceu longo tempo assim absorta, parecendo que seu cérebro cansado desmanchava o nó do passado para desvendar um futuro firme e venturoso. Por fim, falou em voz baixa, rouca e cantada, peculiar às revelações terríveis.

— Esta é a história de Abred, quando a terra e a água se guerreavam. Do seu encontro nasceu uma vida forte e pequenina para dirigir-se ao alto, à reluzente Pureza. Nesta carne imprudente está escrita a história do mundo e sua marcha através do Void. Quantas vezes Annwn pôs seu ventre agarrado para embaraçar a pequena porção de vida que carregas! Mas, tu percorreste o teu caminho para desfazer seus emaranhados. Viveste um milhar de séculos, desde que o mar e a terra lutavam na tua gestação, e milhares de virtudes carregarás na pequena porção de vida que te foi dada, e somente tu a protegerás contra Annwn, o caos!

Deste modo, começava ela sempre as suas profecias, conforme havia sido ensinado por um bardo, que o aprendera de outro bardo, e este de um outro e assim para trás até o branco Druida. Gwenliana deteve-se a fim de que suas palavras calassem no cérebro do rapaz. Em seguida continuou:

— Essa é a narração de tua presente vagabundagem. Terás uma grande glória para o Divino, ensinando as maravilhas de Deus.

Seus olhos semi-cerrados viram o desapontamento na face do rapaz.

— Mas, espera um momento! — exclamou. — Vou ainda mais longe. Haverá luta e derramamento de sangue, e a espada será a tua primeira noiva!

A face de Henry demonstrou o prazer que lhe ia, agora, na alma.

— O sopro do teu nome será uma ordem de reunir para os guerreiros do mundo. Saquearás as cidades do infiel e o esbulharás de seus roubos. O terror preceder-te-á como o grito da águia sobre os escudos dos homens.

Adivinhava, agora, que sua predição fora um sucesso, mas, caminhava para maiores glórias.

— O governo das ilhas e continentes será teu e tu lhes darás justiça e paz. Por fim, quando estiverdes cercado de honrarias, desposarás uma pura donzela de alta classe, uma moça de boa família, e rica — terminou ela.

Seus olhos se descerraram e a velha relanceou um olhar, procurando a aprovação dos presentes.

— Eu poderia ter feito melhor com o osso de um carneiro, — disse queixosamente — ou se pudesse andar pelos caminhos elevados; mas, a idade impede os pequenos prazeres e obriga a uma espera fria e quieta.

— Ó, mãe! foi uma boa profecia, — interrompeu o velho Robert — tão boa como sempre a vi fazer. Penso que você está atingindo o auge de sua força oculta. Afastou o meu terror e sossegou-me a respeito da partida de Henry. Agora sinto-me orgulhoso do futuro de meu filho. O que apenas desejo é que ele não seja obrigado a matar.

— Bem, então, se você acha que foi realmente boa... — disse Gwenliana. — Parece-me que o ar estava favorável e meu espírito claro, esta noite.

Cerrou tranquilamente os olhos e voltou à sonolência.

VI

Durante toda a noite, o velho Robert se agitou na cama, e sua esposa permaneceu imóvel a seu lado. Por fim, quando na janela a escuridão começou a transformar-se em cinzento prateado, ela levantou-se mansamente.

— Você não dormiu, mulher? Aonde vai?

— Vou ver Henry. Preciso falar-lhe. Talvez me ouça.

Saiu apenas por um instante e voltou, deitando a cabeça nos braços de Robert.

— Henry partiu — disse ela. E todo o seu corpo endureceu.

— Partiu? Mas, como pôde fazer isso? Esta é a sua primeira covardia. Teve medo de despedir-se de nós. Em todo o caso, não estou sentido por esse medo, que demonstra a certeza de sua mágoa. Ele não podia suportar a expressão de seus sentimentos em palavras.

Robert estava alarmado com aquele silêncio e aquela frieza.

— Em breve, voltará para a nossa companhia. Talvez quando despontar a grama, na primavera. Sim, voltará para nós. Juro-o! Pode acreditar. Partiu somente por uma semana, por poucos dias. Acredite-me! Os anos fugiram de nós, querida, e agora estamos como sempre estivemos! Lembra-se? Juntos, sozinhos, o que remata todas as coisas que aconteceram. Possuímos a riqueza de todas as recordações do passado e as coisas com que privamos. Estas jamais nos abandonarão, enquanto vivermos.

Ela não chorava, não se movia mesmo para respirar.

— Ó, minha esposa! Elizabeth, diz que você acredita na volta dele, muito breve, antes de o ter perdido! — gritava ardentemente o velho. — Não fique assim, silenciosa e perdida. Ele estará aqui quando a primavera vier. Você precisa acreditar nisso, minha querida.

Muito suavemente, acariciava-lhe a face silenciosa com os dedos grandes e ternos.

VII

Ao amanhecer, Henry saíra furtivamente, e com desembaraço começara a trilhar a estrada para Cardiff. Havia frio e medo em seu coração, e um certo espanto, embora desejasse realmente partir. Se tivesse esperado para despedir-se, — pensava — jamais seria capaz de deixar a casa de pedra, mesmo para ir para as Índias.

O céu ia-se tornando cinzento à proporção que ele atravessava os campos onde brincara e pulara. Passou pela pedreira onde havia uma caverna na qual ele e seus amigos costumavam brincar de "ladrões", e onde, por aclamação, era sempre o famoso *Twyn Shone Catti*.

As montanhas agudas erguiam-se à sua frente como mesas de cardar, e em seus cumes havia uma franja prateada. O vento da manhã, fresco e perfumado, soprava por entre as gargantas, trazendo consigo o rico odor da terra úmida. Os cavalos relinchavam à sua passagem, aproximavam-se e suavemente o roçavam com seus focinhos macios; bandos de pássaros, que caçavam os últimos répteis noturnos na meia luz da manhã, erguiam à sua aproximação protestos sobressaltados.

Quando o sol nasceu, já havia feito várias milhas. Assim que a enorme bola vermelha surgiu por detrás dos picos, colorindo as nuvens esfarrapadas acima das montanhas, Henry fez descer uma pesada cortina sobre o passado. A dor e a solidão que o acompanharam, durante as trevas, foram afastadas e deixadas para trás. Cardiff estava à sua frente, um novo país que nunca vira, e sob o horizonte da manhã, brilhante e gloriosa, parecia refulgir a coroa verde das Índias.

Passou por vilas cujos nomes lhe eram inteiramente desconhecidos, sorridentes e pequenas aglomerações de cabanas onde o povo olhava para ele como se fosse um estrangeiro. Era uma coisa interessante para o jovem

Henry. Ele sempre olhara para os estrangeiros, sonhando com o seu destino e com o delicioso mistério do lugar de sua partida. A qualidade de estrangeiros fazia-o admirá-los como seres de elevados propósitos, e agora também ele era um estrangeiro que devia ser olhado e julgado com certa reverência. Desejava gritar: "Vou para as Índias", para ver essa gente arregalar os olhos e despertar seu respeito. Considerava-os tolas e frágeis criaturas, sem sonhos e sem desejos de abandonar aquelas míseras e atarracadas cabanas.

A terra transformava-se. Ele vinha das montanhas para uma região aberta e ilimitada de pequenas terras planas. Viu grandes tocas de coelho como se fossem as moradas de enormes animais, e homens negros e sujos saindo delas com sacos de carvão às costas. Os mineiros esvaziavam os sacos nas altas pilhas do chão e voltavam aos buracos de coelho. Notou que regressavam curvados, como se os pesados fardos ainda os estivessem carregando.

Chegou o meio-dia e depois uma tarde longa e clara, e ele sempre caminhando. Havia um novo perfume no ambiente, o doce e arrebatador sopro do mar. Seu desejo era lançar-se em desabalada corrida para frente, como um cavalo sedento. Ao entardecer, um bando de nuvens negras arrastava-se pelo céu. O vento zunia, trazendo consigo a neve, e a grama curvava-se à sua passagem.

Tranquilo, Henry caminhou ao encontro da tempestade, até que o vento e a geada lhe fustigaram violentamente a face e o frio penetrou através do seu casaco. Poucas eram as casas de um lado e outro da estrada,mas, em nenhuma delas, Henry poderia pedir abrigo e comida. Não conhecia os costumes do lugar nem o preço das utilidades, e as suas cinco libras deviam estar intactas, quando do chegasse a Cardiff.

Por fim, já com as mãos azuladas e a face dolorida pela violência da geada, arrastou-se para um celeiro de pedra abandonado, onde se acumulava o feno do verão. Aí encontrou calor e quietude, e o mugido do vento cessou em seus ouvidos. O feno, com o mel seco nos talos, era doce. Henry acomodou-se no leito macio e dormiu.

Já a noite ia alta quando acordou. Por entre as névoas do sonho recordou-se do lugar em que se encontrava, e, de repente, os pensamentos que de si afastara no dia anterior, voltaram em tropel, como vozes estridentes e clamorosas.

"Você é um tolo" — dizia uma. "Lembre-se das salas, das lanças e do vivo fogo da lareira. Onde estão agora? Você jamais os verá. Foram-se como os sonhos e você não sabe sequer aonde foram os sonhos. Você é um tolo". "Não, não. Escute-me! Pense em mim!" — dizia outra. — "Por que você não esperou Elizabeth? Estava com medo? Sim, estava com medo! Este rapaz é um covarde, irmãos! Teve medo de uma rapariga de cabelos amarelos, filha de um rendeiro". Uma voz triste e baixa interrompeu: "Pense em sua mãe, Henry. Ela estava sentada e silenciosa quando você a viu. E você não se despediu dela. Apenas olhou para a porta quando partiu. Talvez ela tenha morrido na cadeira, com o sofrimento estampado nos olhos. Como pode justificar sua atitude? E Robert, seu pai? Pense nele agora, solitário, triste e perdido. Foi isso que você fez, Henry! Como desejava ir para as Índias, não pensou em mais ninguém". Uma voz fina e medrosa perguntou: "E que sabe você do futuro? Haverá frio e você talvez se congele. Talvez algum estranho o mate, por causa do seu dinheiro, embora seja pouco. Coisas assim têm acontecido. Sempre houve alguém olhando por você, velando pelo seu bem-estar. Você ficará na miséria! Sentirá frio! Morrerá! Tenho certeza disso!"

Seus receios foram ainda aumentados pelos rumores que se erguiam no celeiro. A tempestade passara, mas uma brisa infinitamente triste e atemorizante soprava pelos cantos. Dir-se-ia um gemido de aflição. Havia um chiado no feno, como se toda a palha se estivesse mexendo ou tentasse mover-se furtivamente. Morcegos batendo as asas esvoaçavam pelo escuro, e ratos chiavam horrivelmente. Uns e outros pareciam fitá-lo da escuridão, com olhos pequenos e cheios de intenções.

Henry já, anteriormente, se sentira só, mas nunca assim, completamente isolado entre coisas desconhecidas e num lugar estranho. O terror estava crescendo e apoderando-se de seu cérebro. O tempo parecia um bicho preguiçoso que se arrastava morosamente, parava, balançava a cabeça e de novo se arrastava. Dir-se-ia que as horas passavam por ele como vagarosas nuvens viajeiras, enquanto permanecia deitado e tremendo de medo. Por fim, uma coruja voou em círculo sobre sua cabeça, piando loucamente. Os nervos superexcitados do rapaz descontrolaram-se e, gemendo, ele fugiu do celeiro e correu pela estrada, em direção a Cardiff.

Capítulo II

I

Durante mais de um século, a Inglaterra viu com impaciência Espanha e Portugal, com permissão do Papa, dividirem o Novo Mundo e patrulharem suas possessões de modo a livrá-los dos contrabandistas. Era uma amargura para a Inglaterra, encarcerada pelo mar. Finalmente, Drake quebrou a barreira e navegou pelos oceanos proibidos, com o seu pequeno *Golden Huid*. Os grandes navios vermelhos de Espanha consideravam Drake uma simples mosca, uma coisa aborrecida que cumpria matar por causa do seu zumbido. Quando, porém, a mosca saqueou seus castelos flutuantes, queimou uma cidade ou duas, e até preparou uma armadilha, através do Istmo, para o comboio do tesouro sagrado, a Espanha viu-se forçada a alterar seus pontos de vista. A mosca passou a ser um escorpião, uma víbora, um dragão. Chamavam-lhe "El Drake", e o Novo Mundo sentiu crescer o seu medo pelo inglês.

Quando a Grande Armada fracassou diante do mar encapelado, a Espanha aterrorizou-se com a força que emanava daquela pequena ilha. Era triste imaginar aqueles navios imponentes e bem construídos, repousando no fundo do mar ou despedaçados em frente à costa irlandesa.

E a Inglaterra violentamente entrou no mar das Caraíbas. Algumas ilhas, como Jamaica e Barbados, ficaram sob seu domínio. Agora, os produtos da metrópole podiam ser vendidos nas colônias. Possuir colônias aumentava o prestígio de um pequeno país. Era preciso providenciar para que elas fossem densamente habitadas, e a Inglaterra começou a povoar suas pequenas possessões.

Jovens filhos de família, perdulários, cavalheiros arruinados foram mandados para as Índias. Era uma boa maneira de se verem livres de um homem perigoso. O rei dava-lhes terras nas colônias e depois expressava o desejo de vê-los morar em suas propriedades e cultivar o rico solo lá existente, para o bem da coroa inglesa.

Os navios partiram lotados de colonos: jogadores, trapaceiros, alcoviteiros, dissidentes, papistas, todos queriam possuir terras e nenhum cultivá-las. Os navios negreiros de Portugal e Holanda não podiam transportar carga negra com a rapidez suficiente para atender aos crescentes pedidos daqueles que clamavam por trabalhadores.

Os criminosos eram arrebanhados nas prisões e os vagabundos nas ruas de Londres; mendigos que passavam o dia à porta das igrejas; suspeitos de feitiçaria, de traição, de papismo, todos eram mandados trabalhar nas plantações, sob contrato. Era um plano brilhante: os trabalhadores, tão necessários, eram, agora, recrutados pelo Estado entre aqueles seres indignos que outrora alimentara, vestira e enforcara. Ainda se ia mais longe. Blocos completos de ordens de contrato, devidamente seladas pelo governo, com o espaço em branco para os nomes, eram vendidos a certos capitães de navio os quais recebiam instruções para agir com discrição extrema a respeito dos nomes com que os preenchiam.

E a quantidade de café, laranjas, cana e cacau ia crescendo sempre nas colônias. Havia, naturalmente, alguns aborrecimentos quando expirava o prazo estipulado nos contratos, mas, os antros de Londres logo forneciam novos escravos e o rei tinha sempre um suprimento de inimigos.

A Inglaterra tornava-se, assim, uma potência marítima, com seus governadores, palácios e sacerdotes no Novo Mundo, e navios carregados de produtos manufaturados saindo de Liverpool e Bristol, em escala sempre crescente.

II

Ao despontar o dia, Henry alcançou os arredores de Cardiff. Todo o terror desaparecera e um novo alento o empolgava. Era uma coisa incrível aquela cidade de tantas casas, rua após rua, todas diferentes e desdobrando-se indefinidamente. Jamais pensara em tal magnitude, quando alguém falara em cidades.

As lojas estavam abrindo as portas, pondo à mostra suas mercadorias, e Henry, maravilhado, parava diante de cada uma. Caminhou por uma longa rua até chegar às docas, com seus inúmeros mastros como searas de trigo em crescimento e suas nuvens de velas como vestidos pardos em aparente desordem. Alguns navios carregavam fardos, barris e animais abatidos. Outros descarregavam de seus curvos bojos, mercadorias em curiosos invólucros de esteiras e sacos de palha trançada. Reinava, nas docas, uma tremenda excitação. O rapaz pensou no dia feliz que chegaria para ele, quando os homens estivessem erguendo o velame para uma sortida à terra-mãe.

Uma canção turbulenta vinha justamente do navio que Henry estava examinando, e as palavras eram claras e de estranha beleza. A água batendo no casco liso, causava-lhe um prazer quase doloroso. Parecia-lhe que novamente regressara ao lar, a um lugar conhecido e amado, após dias e noites de longo delírio. Agora, uma grande canção entoada por muitas vozes partia do barco em movimento, enquanto sua âncora escura emergia da água. As velas soltavam-se das vergas e enfunavam-se com o vento da manhã. O barco deslizou do seu ancoradouro, descendo suavemente o canal.

Henry aproximou-se do local onde os navios ancorados mostravam, agarradas aos úmidos costados, algas colhidas em muitos oceanos. Ouvia-se o curto e rápido martelar do calafate, o ruído da grosa de ferro sobre a madeira, ordens bruscas ditadas pela voz das cornetas.

Quando o sol estava bem alto, Henry começou a sentir fome. Retornou vagarosamente à cidade para procurar o que comer, custando-lhe abandonar as docas, até para alimentar-se. Os recrutadores estavam saindo de suas tocas e também os jogadores que espoliavam os marinheiros. Aqui e ali, uma mulher desgrenhada e sonolenta fugia para casa, como se temesse ser apanhada pelo sol. Marinheiros em terra esfregavam os olhos inchados e olhavam para o céu, perscrutando o tempo. Henry imaginava o que haviam visto esses homens, nos dias que passaram navegando. Afastou-se para dar caminho a uma fila de carros e carroças carregados de caixas e fardos para os navios, e imediatamente teve de esgueirar-se de outra fila que se aproximava, carregada de mercadorias vindas de além-mar.

Finalmente, chegou a uma hospedaria. Denominava-se "Os três cães" e lá estavam eles pintados na tabuleta, assemelhando-se mais a três dromedários assustados. Henry entrou e viu-se num largo salão cheio de gente. Perguntou a um homem de avental se podia almoçar.

— Tem dinheiro? — interrogou o estalajadeiro desconfiado.

Henry mostrou a moeda de ouro na palma da mão e, como se esse fosse um sinal de poder, o homem do avental inclinou-se e, gentilmente, puxou-o pelo braço.

50

Henry pediu o almoço e ficou passeando o olhar pela hospedaria.

Havia muitas pessoas na sala, sentadas nas longas mesas ou recostadas à parede. Alguns homens estavam até sentados no assoalho. Uma "garçonete" circulava entre eles, carregando uma bandeja de bebidas. Alguns eram italianos dos vapores de Gênova e Veneza que vinham carregados de madeiras raras e especiarias, conduzidas por terra, às costas de camelos, do Oceano Índico até Bizâncio. Havia franceses dos navios de vinho de Bordéus e Calais, e entre eles, um basco de cara quadrada e olhos azuis. Lá estavam suecos, dinamarqueses e finlandeses dos barcos baleeiros dos mares do Norte, homens sujos que fediam à gordura rançosa de baleia. Em algumas das mesas, viam-se cruéis holandeses que mercadejavam escravos de Guiné para o Brasil. Espalhados entre esses estrangeiros, havia alguns fazendeiros de Câmbria, parecendo assustados, pensativos e solitários. Tinham trazido porcos e carneiros do interior para abastecer os navios, e agora estavam negociando suas mercadorias porque precisavam voltar para casa antes do cair da noite. Esperavam fiados na proteção dos três soldados que, usando o uniforme do rei, conversavam juntos perto da porta.

O jovem Henry perdeu-se no agradável tumulto da sala. Estava ouvindo palavras desconhecidas e vendo coisas que nunca vira: as orelhas dos genoveses com argolões pendurados; as espadas curtas dos holandeses, semelhantes a facas; as cores das faces que iam do vermelho sanguíneo ao pardo curtido pelo vento. Podia ali ficar o dia todo, sem ter qualquer noção do decorrer do tempo.

Uma grande mão tocou seu cotovelo, mão coberta de calos. Henry olhou com desprezo o rosto largo e ingênuo de um marinheiro irlandês.

— Quer sentar-se aqui, mocinho, ao lado de um honesto marinheiro de Cork, chamado Tim?

Enquanto falava, o marinheiro empurrava violentamente o vizinho, virando-se para os lados e deixando, na ponta do banco, um pequeno lugar para o rapaz. Não havia homens como os irlandeses para serem brutalmente gentis. Mas, Henry, quando aceitou o lugar, não percebeu que o marinheiro de Cork tinha visto sua moeda.

— Muito obrigado — disse ele. — Para onde vai navegar?

— Para qualquer parte aonde me levar o navio — replicou ele. — Sou um honesto marinheiro de Cork, sem qualquer falha a não ser jamais ter sentido o brilho de uma moeda de ouro em meu bolso. Agora mesmo estou dando tratos à bola para pagar o almoço, uma vez que nada possuo — rematou, vagarosa e enfaticamente.

— Se não tem dinheiro, pagarei o seu almoço, — ofereceu-se Henry — e, assim, me contará coisas sobre o mar e os navios.

— Eu sabia que você era um cavalheiro — exclamou Tim. — Descobri-o logo que meus olhos pousaram em você. Que tal começar por um aperitivo?

Ordenou que lhe trouxessem um, sem esperar pelo consentimento de Henry, e quando foi servido, levantou a escura bebida à altura dos olhos.

— Os irlandeses denominam isto *uisquebaugh*, que significa água da vida; os ingleses chamam-lhe *Whiskey* — só água. Por quê? Se a água tivesse a consistência e o forte calor que isso tem, eu renunciaria a navegar para viver sempre nadando.

Riu estrepitosamente e bateu de leve no copo.

— Vou para as Índias — observou Henry, temeroso, para fazê-lo voltar à conversa sobre o mar.

— Índias? Também eu, amanhã pela manhã; para Barbados, levando facas, foices e tecidos para as plantações. É um bom navio o nosso, um navio de Bristol; mas o capitão é duro, todo imbuído de religião, fora da colônia em Plymouth. Ameaça-nos com o fogo do inferno e chama a isso de oração e arrependimento, mas penso que ele sente alegria com todo esse fogo. Queimar-nos-ia durante certo tempo se encontrasse meios para isso. Não compreendo a religião dele. Nunca reza uma Ave-Maria, e assim não sei como pode haver religião.

— Acha que... que talvez... eu pudesse ir com você no seu navio? — perguntou Henry timidamente.

As pálpebras baixaram sobre os olhos ingênuos de Tim.

— Se dispusesse de dez libras, poderia — disse ele suavemente; e como visse o desapontamento na face do rapaz: — Quero dizer, cinco.

— Agora não tenho mais do que quatro — murmurou Henry, com tristeza.

— Bem, quatro também chegam. Você me dá as quatro libras e falarei com o capitão. Quando chegamos a conhecê-lo, vemos que não é um mau homem; apenas extravagante e caprichoso. Não, não me olhe dessa forma. Venha comigo. Eu não fugiria com as quatro libras de um rapaz que pagou o meu almoço.

Pela face do marinheiro espalhou-se um largo sorriso.

— Venha, — disse ele — vamos beber à sua partida no *Bristol Girl*. *Uisquebaugh* para mim e vinho do Porto para você.

Trouxeram o almoço e eles começaram a comer. Depois de algumas garfadas, Henry falou:

— Meu nome é Henry Morgan. Qual é o outro seu além de Tim?

O marinheiro riu estrepitosamente.

— Bem, se existe outro nome para mim, além de Tim, pode encontrá-lo rolando pelas tortuosas vielas de Cork. Meu pai e minha mãe não esperaram para mo dizer. Uso o nome de Tim, sem que ninguém me dissesse. É uma espécie de nome livre que se pode tomar sem ser sugerido, como os pequenos boletins dos dissidentes espalhados pelas ruas, que faziam as pessoas apressarem o passo para não serem vistas com eles. Pode-se usar o nome de Tim como o ar, e ninguém lhe põe a mão.

Terminado o almoço, saíram para a rua ocupada pelo mercado dos carreteiros, vendedores de laranja e de velhas bugigangas. A cidade estava apregoando suas centenas de mercadorias e parecia que coisas recolhidas dos mais longínquos e desconhecidos cantos do mundo haviam sido trazidas pelos navios e despejadas sobre os poeirentos balcões de Cardiff: limões, caixas de café, chá, cacau, brilhantes tapetes do oriente e os mágicos medicamentos da Índia que fazem ver coisas fictícias e sentir prazeres efêmeros. Expostos nas ruas, viam-se barris e cântaros de vinho das margens do Loire e das encostas do Peru.

Encaminharam-se os dois para as docas e os belos navios. O cheiro de alcatrão e cânhamo queimado pelo sol chegava-lhes às narinas, vindo do mar. Por fim, ao longe, numa fila, Henry descobriu um grande navio negro, com o nome de *Bristol Girl* pintado em letras douradas, na proa. O mar e todos os batelões por ali espalhados pareceram feios e imundos, ao lado daquela beleza do oceano. Suas linhas esbeltas infundiam tranquilidade e segurança. Brancas e novas velas estavam enroladas à verga, como compridos e delgados casulos de bicho-da-seda, e seus conveses exibiam recente pintura amarela. Lá estava ele, alteando-se airosamente ao leve movimento das vagas, impaciente por voar para qualquer porto longínquo. Era uma rainha negra de *Shibau*, entre os demais navios pardos do porto.

— Ó, é um grande navio, um ótimo navio! — exclamou Henry profundamente emocionado.

Tim dirigiu-se orgulhosamente ao companheiro:

— Quando você subir a bordo, verá os preparos; tudo novo. Vou falar com o capitão a seu respeito.

Henry ficou esperando, enquanto o homenzarrão do mar se encaminhou para um homem esquelético que usava uniforme, tirando o boné:

— Tenho um rapaz, — disse de modo que Henry não pudesse ouvir— que pôs toda a sua ambição nas Índias, e estou pensando que talvez o senhor gostasse de apanhá-lo.

O famélico capitão franziu as sobrancelhas.

— É rapaz forte, que possa render alguma coisa nas ilhas? Muitos morrem logo no primeiro mês e lá vem aborrecimento na viagem seguinte.

— Ele está mesmo atrás de mim, senhor. Se quiser esperar, poderá vê-lo. É bem constituído e forte também.

O esquelético capitão examinou Henry, correndo-lhe os olhos das pernas rijas ao peito desenvolvido. Sua aprovação crescia.

— Realmente é um rapaz forte. Bom trabalho o seu, Tim. Vou dar-lhe dinheiro para um trago, e no mar terá uma ração extra de rum. Mas ele sabe alguma coisa dos arranjos do mar?

— Nada, absolutamente.

— Nesse caso, nada lhe diga. Ponha-o a trabalhar na galé. Ele pensará que está trabalhando para pagar a passagem. Não é bom que os homens de vigia façam algazarra e o aborreçam. Deixe que ele compreenda a situação quando já estivermos longe.

O capitão sorriu e afastou-se de Tim.

— Você pode embarcar conosco — disse Tim a Henry que, de prazer, não pôde dar um passo. — Mas — continuou sério o marinheiro — quatro libras não são suficientes para pagar a passagem. Você terá de trabalhar um pouco nas galés enquanto navegarmos.

— Qualquer coisa, — disse Henry — farei qualquer coisa, contando que possa ir com você.

— Então, vamos a terra fazer mais um brinde para assegurar uma boa e folgada viagem: *Uisquebaugh* para mim e o mesmo vinho do Porto para você.

Sentaram-se numa taberna poeirenta cujas paredes estavam cobertas de vasos de todas as formas e tamanhos, de pequenos frascos e garrafas gigantescas. Após algum tempo, cantavam juntos, marcando a cadência com as mãos e sorrindo estupidamente um para o outro. Afinal, o quente vinho do Porto encheu o rapaz de agradável tristeza, e lágrimas ternas lhe brotaram dos olhos. Mostraria a Tim que tinha as suas mágoas, que não era somente um rapaz cabeça-de-vento com um desejo ardente de ir para as Índias. Externaria o que lhe ia no íntimo.

— Sabe, Tim, — disse ele — eu tinha uma pequena da qual fugi. Chamava-se Elizabeth. Seu cabelo era dourado, dourado como as manhãs. Uma noite, antes da minha partida, chamei-a e ela veio encontrar-se comigo no escuro. A noite cobria-nos como uma tenda e estava frio. Ela rogou-me, implorou-me que ficasse, até que lhe falei das ótimas coisas, bugigangas e sedas que lhe traria na volta, dentro em breve. Ela não se conformou, e é com tristeza que recordo as suas lágrimas por causa da minha partida.

Os olhos do rapaz encheram-se d'água.

— Eu sei — disse Tim. — Sei que é triste para um homem deixar uma pequena e correr para o mar. Não abandonei eu centenas delas, e todas formosas? Mas aqui está outro copo para você rapaz. O vinho é melhor para as mulheres do que todos os cosméticos da França, e ainda mais, um homem bebendo-o. O vinho faz belas todas as mulheres. Ah, se todas as mulheres feias pusessem apenas uma pequena pia de vinho na porta de sua casa, como as de água benta nas igrejas, haveria maior número de casamentos. Os homens não teriam necessidade de conhecer os dotes delas. Mas... tome outro copo desse ótimo vinho, rapaz sonhador, e aquela que você deixou para trás, passará a ser uma princesa.

III

Estavam partindo para as Índias, as maravilhosas e longínquas Índias onde viviam os sonhos do rapaz. O grande sol da manhã projetava-se, lutando contra a névoa cinzenta e, no convés, os marinheiros enxameavam como formigas desorientadas de um formigueiro destruído. Soavam ordens breves e os marujos subiam pelas enxárcias, avançando para as vergas. Homens em círculo cantavam a canção do cabrestante, enquanto as âncoras subiam do mar e se penduravam aos lados, como pardas e gotejantes traças.

Partindo para as Índias! As velas brancas desdobravam-se e enfunavam delicadamente, como se fossem feitas de seda, e o navio negro avançava orgulhosamente, impelido pelo vento fresco da manhã. O *Bristol Girl* afastava-se com cuidado das embarcações e descia o canal.

Pouco a pouco a névoa sumiu do céu. Agora a costa de Câmbria ia-se tornando azul e empalidecia cada vez mais, até desaparecer na linha do horizonte, como uma miragem do deserto. As montanhas negras eram apenas uma nuvem e, logo depois, uma simples fumaça amarelada; por fim, Câmbria desapareceu como se nunca tivesse existido.

Mansamente, passaram ao largo do porto, Ilfracombe e outras insignificantes vilas ocultas nas dobras do Devon. O vento suave fê-los passar por Stratton e Camelford. Cornwall foi deixado para trás, légua após légua. Depois, Finisterra, extremidade pontiaguda da Bretanha, e como tivessem tomado o rumo do sul, o inverno chegou finalmente.

O mar erguia-se e bramia contra eles, enquanto o navio fendia as matilhas dos ventos que ladravam, como um veado forte e confiante, sulcando bravamente os roteiros traçados. O vento uivava, vindo do Norte, das desoladas paragens onde se oculta o inverno, e o *Bristol Girl* escarneceu-lhe na face, rumando para o sudoeste. Estava frio e as enxárcias geladas zumbiam ao vento, como tangem grandes arpas tocadas por um gigante louco. As vergas suspiravam suas queixas para as martirizadas velas.

Durante quatro longos dias, a tempestade perseguiu-os pelo mar e o navio parecia alegrar-se com a luta. Os marinheiros recolhiam-se ao castelo de proa para elogiar sua velocidade e sua figura imponente, e Henry exultava como um jovem deus. As loucuras do vento eram as suas loucuras. Teria permanecido no convés, abraçado ao mastro, enfrentando o vento, cortando-o com seu queixo como a proa cortava a água.

Uma tumultuosa alegria enchia-lhe o peito prestes a explodir. O frio clareara-lhe os olhos e, assim, podia ver melhor tudo quanto se estendia em círculo, ao seu redor. Aqui estava o velho desejo saciado pela novidade, pois os ventos trouxeram-lhe a vontade de possuir asas ligeiras e todo o céu infinito por alvo. O navio era para ele uma prisão agitada que saltava para frente e para cima. Ah, ser um deus e correr por sobre a tempestade! Não sob ela! Experimentava a intoxicação dos ventos, um desejo, cuja satisfação exaltava progressivamente os seus sentimentos. Desejava possuir os ombros da onipotência e os elementos insuflavam em seus músculos uma força nova.

Depois, tão rapidamente como vieram, os demônios marítimos fugiram, abandonando-os em um mar claro. O navio singrava com as velas enfunadas pelo contínuo soprar do vento. Era um vento suave, vindo do céu, enviado pelo deus da navegação para os grandes navios à vela. Toda a tensão desaparecera; no convés, os marinheiros pilheriavam como crianças fortes e selvagens, porque há felicidade juvenil no vento que sopra.

Chegou o domingo, dia sombrio e pressago no *Bristol Girl*. Terminado o trabalho nas galés, Henry veio para o convés. Um velho marinheiro estava sentado numa escotilha, trançando cordas. Cada um de seus dedos parecia possuir uma ágil inteligência, pois seu dono jamais olhava para eles enquanto trabalhavam. Em vez disso, seus pequeninos olhos azuis, à maneira dos olhos dos marinheiros, dirigiam-se para além do fim das coisas.

— Então, desejaria conhecer o segredo das linhas? — perguntou ele sem desfitar o horizonte. — Basta apenas observar. Há tanto tempo faço isso que minha cabeça já não sabe mais como é; só os meus dedos se lembram. Se penso no que estou fazendo, começo a ficar perturbado. Serás um marinheiro e haverás de subir um dia.

— Eu gostaria de poder aprender todos os trabalhos — disse Henry.

— Não é muito difícil. Primeiro, terás de aprender a suportar coisas das quais os homens de terra jamais ouviram falar. É muito cruel, mas não se deve abandonar depois de ter começado. Durante dezenas de anos, tenho tentado deixar meu casco em terra e ancorá-lo frente a um fogo, para pensar um instante e depois morrer. Mas não adianta. Todas as vezes dou comigo caminhando para um navio ou outro.

O estridente som do sino de bordo interrompeu a conversa.

— Vem — disse o velho. — O capitão nos contará agora religiosos contos.

O capitão, cara de gaivota, permanecia à frente da sua equipagem, poderoso como um deus. Os homens fitavam-no com temor, como pequenos pássaros fascinados pela serpente que se aproxima, porque a fé estava em seus olhos e palavras de fúria jorravam-lhe dos lábios.

— Deus castigou-os somente com uma ínfima parcela do seu tremendo poder! — exortava ele. — Mostrou-lhes a força de seu dedo mínimo, para que se arrependam antes de terem de ir gritando para o fogo do inferno. Ouçam o nome do Senhor, no vento horrível e arrependam-se de seus pecados e blasfêmias. Ah! ele os punirá até pelos maldosos pensamentos que se aninham em suas cabeças. Há uma parábola sobre o mar que devia fechar-lhes as gargantas como uma gelada mão e sufocá-los de terror. Mas... a tempestade já passou e vocês já a esqueceram. Sentem-se felizes. Em vocês não há arrependimento. Considerem, porém, os ensinamentos do Senhor. Arrependam-se! Arrependam-se! ou a raiva os destruirá!

Agitou furiosamente os braços e falou da morte solitária, do sofrimento que queima como fogo por causa dos grandes pecados humanos; por fim, fez dispersar os homens aterrorizados.

— Não é bem isso — disse a Henry o velho escandalizado. — Não penses muito nas loucas palavras desse homem.Quem fez a tormenta, Deus ou o Diabo, fê-la para sua própria diversão. O ser que pudesse assim impulsionar os ventos, não se importaria com a insignificância de um barco na imensidão. Pelo menos eu, se fosse esse deus ou demônio, não lhe daria atenção.

Mestre Tim apareceu nesse momento e, com ar protetor, tomou o braço de Henry.

— Acredite, — disse ele — mas não deixe que o capitão saiba que você diz ou escuta semelhantes coisas. Se tal acontecer, ele lhe mostrará o poder de Deus com a ponta de uma corda. Ele e seu deus formam um par muito duro para cair sobre você, um pobre rapaz limpador de panelas, nas galés.

O vento soprava incessantemente. Quando seu serviço e a limpeza estavam prontos, Henry conversava com os homens, correndo a mão pelas cordas e indo para cima aprender nomes e trabalhos do navio. Os marinheiros consideravam-no um rapaz quieto e amável que os olhava como se as palavras deles fossem um presente régio, como se eles fossem uma casta inteligente de homens aptos. Por sua vez, eles ensinavam-lhe o que podiam, porque esse rapaz decididamente nascera para o mar. Henry aprendeu, então, os arrancos curtos e longos da canção, um rápido e nervoso, outro baixo e de ritmo extraordinário. Cantou com eles as canções de morte, motim e sangue no mar. Já lhe vinha aos lábios as incisivas e peculiares blasfêmias dos marujos, frases imundas, pragas horrorosas, purificadas pela oportunidade exterior de sua significação.

À noite, deitava-se quietamente, enquanto os homens falavam de prodígios que haviam visto e imaginado, de imensas serpentes que enrodilhavam navios, os trituravam e tragavam, de tartarugas tão grandes que tinham rios, árvores e cidades completas em seus cascos, e somente mergulhavam uma vez em cada quinhentos anos. Sob os lampiões oscilantes, contavam como os finlandeses provocavam devastadoras tempestades, só para exercer vingança; como havia ratos do mar que nadavam para os navios e abriam buracos no madeiramento até o barco afundar. Falavam temerosamente dos que caíam em poder do terrível *Kraken*, que nunca mais veriam terra, porque seriam tragados. Trombas d'água repassavam em suas conversas e vacas que viviam no mar e amamentavam suas crias como as vacas terrestres; navios fantasmas navegando indefinidamente pelo oceano, à procura de um perdido porto, com a tripulação composta de esqueletos esbranquiçados. E Henry, deitado, devorara com avidez essas palavras.

Certa noite, Tim estendeu-se ao lado deles e disse:

— Não conheço essas grandes cobras, nem vi o *Kraken*, graças a Deus! Mas tenho o pedaço de uma história minha, se vocês quiserem escutar. Aconteceu quando eu era um rapaz como este aqui, e andava num barco livre, que vagava pelo oceano, pilhando aqui e ali umas vezes alguns escravos negros, outras o anel de um tratante espanhol que nada podia fazer por si, ainda que o quisesse. Tínhamos um capitão eleito e nenhuma espécie de documentos, mas havia diferentes qualidades de bandidos que ficavam na ponte. Se avistássemos pelo óculo um homem de guerra, logo corríamos sobre ele. Deste modo, surgiu, certa manhã, um barco a estibordo. Preparamo-nos para persegui-lo e de fato o fizemos. Era espanhol e bem pequeno, e levava um carregamento de couros verdes e salgados. Quando arrombamos o camarote encontramos uma mulher alta e delgada, de cabelos negros, uma larga fronte branca e os dedos mais delicados que já vi. Levamo-la para bordo de nosso barco e não mais tivemos descanso. O capitão trazia a mulher a seu lado, passeando pelo convés de popa, quando o comissário se aproximou: "Somos também equipagem livre, disse ele, e o senhor é o capitão eleito. Nós também queremos a mulher ou haverá motim, a bordo". O capitão fitou-o, colérico, mas a equipagem estava de testa franzida para ele. Ergueu, então, os ombros e riu um riso obsceno. "E como vão vocês decidir isso?" perguntou, imaginando que iria haver grande luta por causa da mulher. Mas o comissário retirou alguns dados do bolso e atirou-os ao convés. "Bem, usem estes", disse. Num instante, todos os homens estavam a seus pés apanhando os dados. Eu, porém, olhava a mulher sozinha. E disse comigo mesmo: "Esta é uma estranha espécie de mulher, e aquele que puder fará coisas cruéis para ferir o homem que ela odiar. Não, meu rapaz. É melhor não participar desse jogo". Mas logo depois a mulher correu para a amurada, apanhou uma bala redonda e saltou para o mar abraçada a ela. Foi tudo! Corremos para a amurada mas somente umas bolhas de ar apareciam. Duas noites depois, o vigia de quarto estava andando pelo convés quando o cabelo se lhe eriçou na cabeça. "Há uma coisa branca que está nadando em nossa perseguição, — dizia ele — e parece a mulher que saltou para o mar". Corremos e olhamos da amurada, e nada, absolutamente nada pude ver. Os outros afirmavam, contudo, que havia um vulto de mãos compridas e brancas, tentando alcançar nossa popa, não nadando, mas arrastando-se atrás de nós, como se o navio fosse um ímã e o vulto, um pedaço de ferro. Como vocês bem podem imaginar, poucos dormiram naquela noite. Os que se arrependeram, gritavam e lamentavam-se durante o sono. Não preciso dizer-lhe o que essas coisas significam. Na noite seguinte, o comissário saiu do porão, gritando como um louco, e seu cabelo estava completamente branco. Fomos obrigados a segurá-lo e acalmá-lo um pouco. Finalmente, ele conseguiu murmurar: "Eu a vi! Oh, meu Deus! Eu a vi! Havia duas mãos brancas, macias e com dedos compridos; agarraram-se às bordas e começaram a quebrar as tábuas, como se fossem de papel. Oh, meu Deus, salvai-me!" Imediatamente sentimos que o navio se inclinava e começava a afundar. Três de nós conseguiram flutuar agarrados a um mastaréu, até que alcançamos terra. Dois deles enlouqueceram, — pobres almas — e tornaram-se selvagens como gatos. Nunca ouvi dizer que mais alguém se tivesse salvo. Creio que não. Das coisas de que estão falando, é esta a mais real que eu já vi. Dizem que, nas noites claras do Oceano Índico, podem ser vistas as almas dos infelizes indus assassinados, perseguindo Vasco da Gama nos céus. Ouvi mesmo dizer que esses indus são um povo difícil de ser apanhado, e vocês caminham para o assassínio".

Desde o primeiro dia, o cozinheiro tomou a seu cargo a instrução de Henry. O homem parecia ansioso por dar informações, ministrando uma instrução cautelosa, como se temesse ser contradito a cada minuto. Era um sujeito grisalho, de tristes olhos castanhos, mansos como os de um cão. Havia nele qualquer coisa de sacerdote, um pouco de professor estúpido e um pouco de *thug*. Seus discursos tinham certo ar universitário, ditos obscenos, a negrura e o amargor dos becos de Londres. Era gentil, maneiroso e insincero. Ninguém lhe dera jamais oportunidade de provar sua honestidade, porque o sussurro vinha de sua boca, como se fosse inútil ser ele um traidor.

Navegava agora em um mar cálido e o vento, igualmente cálido, soprava sobre eles.

Henry e o cozinheiro ficavam na amurada observando as barbatanas triangulares dos tubarões que corriam daqui para ali, na esteira de espuma do navio, esperando refugos. Viam flutuar escuros cachos de algas e o vagaroso e correto nadar do guia dos tubarões, à frente da proa. Uma vez o cozinheiro apontou para uns pássaros negros, de asas compridas e delgadas, que os acompanhavam, inclinando-se, pairando, subindo, sempre voando, sem nunca descansar.

— Veja esses inquietos — disse o homem. — São almas errantes, de marinheiros afogados, almas tão carregadas de pecados que jamais descansam, ano após ano. Uns juram que esses pássaros põem seus ovos em ninhos flutuantes, construídos sobre as tábuas dos navios perdidos, outros que eles não têm ninho algum, nascem já completamente desenvolvidos, na crista branca de uma onda, e no mesmo instante empreendem o vôo que dura a vida toda. Ah, os inquietos!

O navio assustou um bando de peixes voadores que saltitavam no cimo das vagas, como brilhantes moedas de prata.

— Estes são os fantasmas dos tesouros perdidos no mar — prosseguiu o cozinheiro — as coisas que matam; esmeraldas, diamantes e ouro; os pecados dos homens, pecados que eles cometeram e nos quais se acham atolados, e fazem desassossegar o oceano. Ah, é pena que um marinheiro não crie uma grande história sobre isso.

Henry apontou uma grande tartaruga adormecida na superfície.

— E qual é a história das tartarugas? — indagou.

— Nenhuma. Servem apenas de alimento. Não é natural que um homem teça romances em torno dos seus alimentos. Estas coisas são muito ligadas a eles e o romance não as contamina. Contudo, esses imensos animais têm sido a salvação de numerosos marinheiros. Fornecem carne para aqueles que, de outra forma, seriam ossos brancos nos convés de um navio extraviado. A carne das tartarugas é doce e boa. Às vezes, quando os marinheiros não conseguem carne de vaca, abastecem seus navios com carne de tartaruga e saem para a pilhagem.

O sol ia-se sumindo por trás das águas. Ao longe, uma nuvem negra expelia, língua após língua, intensa luminosidade; mas todo o céu parecia uma sedosa nódoa azul-escura, recamada de enxames de estrelas.

— Você prometeu-me falar sobre alguns bucaneiros, — lembrou Henry — daqueles que eram chamados "Irmãos da Costa". Diga-me, nunca navegou com eles?

O cozinheiro mexeu-se com inquietação.

— Há paz entre a Espanha e a Inglaterra — disse ele, — e eu nunca perturbarei a paz feita pelo rei. Não, nunca naveguei com eles. Mas ouvi coisas que podem ser verdadeiras. Ouvi dizer que os flibusteiros são grandes idiotas. Fazem grandes presas e depois esbanjam seus lucros nas tabernas, com as mulheres dos lupanares, de Tortuga e Goa, como as crianças jogam para longe a areia quando estão cansadas de brincar. Grandes idiotas!

— Algum deles já conquistou uma cidade? — indagou Henry.

— Uma vila ou outra caiu-lhes nas mãos, mas eles não têm chefes para guiá-los nessas empresas.

— E uma grande cidade, com tesouros? — insistiu Henry.

— Não, nunca fizeram isso. São crianças, já lhe disse, crianças fortes e valentes.

— Um homem que pensasse e planejasse cuidadosamente, não poderia tomar uma cidade espanhola?

— Oh! — riu o cozinheiro — Você pretende ser bucaneiro?

— Mas, se um homem planejasse cuidadosamente...?

— Sim, se existisse um filibusteiro que pudesse planejar cuidadosamente, ou coisa que o valha, isso podia ser feito; mas não existem tais bucaneiros. São crianças que podem lutar como demônios e morrer gloriosamente, mas não passam de idiotas, capazes de afundar um navio por um taça de vinho, quando podem vendê-lo.

— Se um homem considerasse maduramente e pesasse suas possibilidades com a tripulação de que dispusesse, talvez...

— Sim, calculo que pudesse.

— Havia um chamado Pierre, o Grande, que não era tão idiota.

— Ah, mas Pierre apresou um grande navio e depois correu para a França! Era um jogador medroso e não um homem inteligente. E ele ainda pode voltar para a Costa, perder tudo e a cabeça também.

— Ainda, — disse Henry, com seriedade; — mas também penso que grandes coisas poderiam ser feitas, bastando, para isso, que um homem pensasse e considerasse bem.

Poucos dias depois, estavam próximos da terra. Numa bela manhã, o pálido fantasma de uma montanha surgiu na orla do horizonte, pedaços de árvores e ramos apareciam flutuando aqui e ali e pássaros da terra aproximavam-se dos navegantes, pousando nos mastros do navio.

Estavam chegando à caverna do Verão, lá donde ele anualmente partia para as regiões do norte. Durante o dia, o sol era um deslumbrante círculo de cobre, o céu lavado e límpido ao redor, e à noite, os grandes peixes nadavam em torno do navio, rasgando curvos rios de fogo à sua frente. Do penol, milhões de diamantes voadores arrojavam-se pela proa violentamente. O mar era um grande lago de mansa ondulação, desdobrando-se em espuma sedosa e a água produzia uma deliciosa sensação no cérebro dos homens. Era o mesmo que olhar para o fogo. Não se via nada, ainda que com infinita dificuldade se pudesse afastar os olhos. O cérebro sonhava, embora não se estivesse dormindo.

Há, nos oceanos tropicais, uma paz que sucede a um desejo de harmonia. O objetivo não é um fim, mas apenas um pretexto para navegar, navegar fora do perímetro do tempo. Durante meses e anos as naus pareciam deslisar progressivamente, mas não havia impaciência na tripulação. Todos cumpriam seus deveres e se estendiam no convés em singular e feliz letargia.

Um dia, surgiu uma pequena ilha, flutuando no mar como uma meda de feno, verde como as primeiras hastes da cevada. Estava densamente coberta por uma vegetação emaranhada e bravia: videiras, trepadeiras e algumas árvores escuras. Henry olhava tudo como se contemplasse uma miragem.

Passaram essa ilha, outra e mais outra, até que, por fim, na meia-luz de uma madrugada tropical, o navio chegou a Barbados. As âncoras afundaram no mar, arrastando consigo grossos cabos.

Nas praias, havia matas de vegetação esmeraldina, como nas pequenas ilhas, e, mais para dentro, fileiras de plantações e casas brancas, de telhados cor de papoulas; mais longe ainda, o solo vermelho mostrava feridas abertas na mata, sobre as colinas. Montanhas agudas e rochosas erguiam-se, com a aparência de fortes dentes cinzentos.

Pequenas embarcações aproximaram-se do navio, conduzindo lindas frutas e pilhas de aves abatidas. Vinham para vender, comprar ou roubar algo do carregamento do navio. Reluzentes negros cantavam canções bem cadenciadas, enquanto manobravam os remos. Henry, encostado à amurada, estava encantado com a nova terra. Era mais do que ele desejava, e o espetáculo trouxe-lhe aos olhos lágrimas de felicidade.

Tim estava perto, parecendo abatido e triste. Por fim, aproximou-se e ficou diante de Henry.

— Entristece-me fazer mal a um ótimo rapaz que pagou meu almoço — disse ele. — Entristece-me tanto que não posso dormir.

— Mas, você não me fez mal nenhum Tim. Trouxe-me para as Índias, para onde eu, tão ardentemente, desejava vir.

— Ah! — disse Tim pesaroso. — Se eu tivesse uma religião, como o capitão, poderia dizer: "É a vontade de Deus!" e depois esquecer. Se eu tivesse um negócio ou uma posição, poderia dizer como um homem deve e precisa viver. Mas não possuo religião alguma, apenas rezo uma "Ave-Maria" e um "Miserere Dómini", durante as trovoadas; e quanto à situação e posição, não passo de um pobre marinheiro saído de Cork. Entristece-me prejudicar um rapaz que pagou meu almoço, a mim, um estrangeiro.

Estava observando uma canoa comprida, com seis fortes caraíbas nos remos, canoa que se movimentava perto do navio. Na popa, vinha sentado um inglês pequeno e nervoso, cuja pele não se crestara com o decorrer dos anos, antes se avermelhara tanto que as finas veias pareciam estar fora dela. Nos claros olhos do homem, brilhavam perpétua indecisão e perplexidade. Sua canoa bateu com força no costado do navio e, vagarosamente, ele subiu a bordo, encaminhando-se para o capitão.

—É agora!—exclamou Tim.—E você não me julgará tão mal, não é, Henry, vendo a aflição de que estou possuído?

O capitão estava gritando: "Rapaz das galés! Oh, rapaz das galés! Morgan! Onde está?"

Henry dirigiu-se para o local onde estavam o capitão e o inglês, e ficou aterrado quando este experimentou seus braços e ombros.

— Dou dez — disse o homem.

— Doze — contestou o capitão.

— Mas acha que ele vale realmente isso? Não sou rico, compreenda, e pensei que dez...

— Bem, pode levá-lo por onze, mas aqui, como Deus me vê, ele vale mais. Olhe a constituição dele, os ombros largos. Esse não morrerá como os outros. Não, senhor, ele vale mais, mas pode levá-lo por onze.

— Bem, se realmente pensa assim... — conformou-se o plantador. E começou a tirar dinheiro dos bolsos, dinheiro misturado com fios de barbante, pedaços de giz, parte de pena de uma ave e uma chave quebrada. O capitão tirou do bolso um papel e mostrou-o a Henry. Era um contato de trabalho, por cinco anos, com o nome de Henry Morgan muito bem escrito e o selo inglês no fecho.

— Mas eu não quero ser vendido! — gritou Henry. — Não vim para ser vendido! Desejo fazer minha fortuna e ser um marinheiro.

— Pois você cuidará disso — respondeu delicadamente o capitão, como dando o seu consentimento — depois dos cinco anos. Agora vá com o cavalheiro e não nos faça ouvir miados. Você pensa que faço navegar este barco somente para trazer jovens que desejam vir para as Índias? Faça o seu trabalho e confie em Deus, e talvez seja um grande auxílio para você. A experiência nunca é perdida na trajetória de uma alma humilde.

Brandamente empurrou Henry pelo convés, à sua frente.

Por fim, o rapaz ouviu a sua própria voz que gritava: "Tim! Estão me vendendo, Tim! Ó, Tim, ajude-me!" Mas não houve resposta. Tim ouvira e estava soluçando em sua rede, como uma criança açoitada.

Henry, caminhando à frente de seu novo amo, apenas sentia um aperto na garganta. Não tinha outra sensação além de uma estupidez pesada e dominante.

IV

Assim, Henry Morgan passou a viver em Barbados, por causa da coação de um papel branco que o obrigava, à sua alma e ao seu corpo, a dobrar-se ante os desejos de um tal James Flower, plantador.

James Flower não era um bronco, mas também não era um espírito brilhante. Toda a sua vida fora uma fonte de idéias, quaisquer que elas fossem. Ansiava por criar alguma coisa. Pretendeu conceber idéias, acalentá-las, dar-lhes vida e depois arrojá-las ao mundo atônito. Elas deviam saltar como pedras rolando por uma colina abaixo, despertando uma avalanche de admiração. Contudo, as idéias não lhe vinham.

Seu pai fora um pastor inglês que escrevera arrogantes sermões, recentemente publicados, embora muito poucos os tivessem adquirido. Sua mãe escrevera poesias que eram uma espécie de sumário dos sermões, e haviam sido adicionadas ao volume de grosseira ortodoxia. E ambos, seu pai e sua mãe, possuíam idéias. Ambos, em pequena escala, eram intelectuais.

James Flower educara-se numa atmosfera de trabalhos e estudos, como se pode ver por este diálogo:

— Preciso passar pelo meu editor, agora, Helen.

— Mas, William, uma gloriosa idéia me veio esta manhã, enquanto penteava os cabelos. Que concepção! Certamente me foi inspirada por Deus. Penso exprimi-la em versos. Ó, que belo! E ajusta-se perfeitamente àquelas deliciosas palavras que você escreveu sobre a humildade.

— Ah, bem! Mas preciso passar pelo meu editor, para ver como os sermões estão sendo impressos. Mandarei um exemplar ao Arcebispo e, talvez, ele se manifeste a respeito. Uma coisa assim poderia ser o início de uma grande venda, penso eu.

Sim, eram pessoas de idéias e, muitas vezes, abanaram a cabeça por causa do filho bronco. Ele lhes causava temor. Assustava-se com a grandeza dos pais e sentia-se envergonhado de si próprio. Assim, bem cedo em sua vida, fez o propósito de possuir idéias. Sua leitura foi intensíssima. A "Defesa dos Feiticeiros", do rei James, caiu-lhe nas mãos e ele se propôs provar se era verdadeiro o seu conteúdo. Com o auxílio de antigas magias e um líquido negro contendo grande número de ingredientes asquerosos, misturados com enorme quantidade de *haschich*, tentou voar do telhado de sua casa. Enquanto as duas pernas quebradas se lhe soldavam, agarrou a "Descoberta do Feiticeiro", de Scott.

O sistema de Descartes estava produzindo celeuma entre os homens cultos, e também James Flower resolveu reduzir toda a filosofia a um postulado básico. Colocou a seu lado papel e certo número de penas, porém, jamais enunciou seu postulado. "Penso, logo existo", dizia ele; por fim: "Penso, existo". Mas ficava sempre nesse círculo vicioso que não o levava a parte alguma. Depois, filiou-se à recém-fundada escola de Bacon. Queimou os dedos em constantes experiências. Tentou cruzar o trevo com a cevada e arrancou as pernas de inúmeros insetos, esforçando-se por descobrir alguma coisa, pelo menos alguma coisa. Tudo, porém, em vão. Como possuía modesta fortuna em dinheiro, que lhe fora deixada por um tio, suas experiências eram variadas e longas.

Um separatista fanático escrevera na melhor forma científica um livro violento: "Os efeitos dos espíritos alcoólicos, momentâneos e permanentes". Este trabalho caiu nas mãos de James Flower, e numa tarde ele saiu para verificar muitas das teorias fantásticas ali expendidas. No meio das investigações, o espírito de educação abandonou-o e, sem causa ou aviso, ele agrediu com um vaso de plantas um dos homens da guarda de Sua Majestade. O caso foi abafado por um arcedíago que dele teve conhecimento, por intermédio de sua mãe. A pequena fortuna de James Flower foi invertida numa plantação em Barbados, e ele foi mandado para lá. Claramente, não se adaptou à ortodoxia e aos pentâmetros.

Assim, envelheceu nas ilhas, embora sempre atento. Sua biblioteca era a melhor das Índias, e tão longe chegava a sua fama que era tido como o homem mais culto daquelas paragens. Mas seus conhecimentos não formaram uma concepção do todo. Aprendera sem absorver, lembrava-se sem assimilar. Sua mente era uma massa amorfa de fatos e teorias sem nenhuma relação. Em seu cérebro, como nas estantes, os "Comentários de César" ombreavam-se com Demócrito e um tratado de geração espontânea. James Flower, que ardentemente desejara ser um criador, tornou-se uma espécie de pequeno cavalheiro, bastante ineficiente. Em seus últimos anos, começou a baralhar convicções e idéias. Se um homem expressasse publicamente uma opinião, assustava James Flower que dizia consigo mesmo: "Eis uma das criaturas divinamente dotadas que controlam o fogo de que eu careço".

V

Havia poucos homens brancos na verde plantação, lavrando a terra. Eram infelizes, sombrios e·esfarrapados, trabalhando por causa de alguma felonia praticada contra a coroa. Em seus corpos, a febre se deitara como um dorminhoco esperto que acorda e rosna, e depois adormece novamente com um olho maliciosamente aberto. Lavravam os campos com as mãos e, à proporção que os anos de servidão se estampavam em seus olhos amortecidos, iam-se-lhes encolhendo os ombros e uma imbecilidade pesada, cansativa, estendia mantos que lhes sobrecarregavam os cérebros. Sua linguagem era um bastardo dialeto de Londres, com algumas palavras dos negros da Guiné e umas poucas frases barulhentas dos caraíbas. Quando atingiam o fim da servidão, vagueavam indiferentemente e viam, com uma espécie de inveja, seus antigos companheiros irem para o trabalho. Em geral, depois de certo tempo, ou assinavam novo contrato de trabalho, ou iam roubar como tigres fugidos de uma jaula quebrada. O feitor era um deles que, tomando agora conta dos que haviam sido seus companheiros, lhes infligia castigos em represália aos que, por sua vez, tinha sofrido.

James Flower trouxe Henry para a praia, e alguma coisa da miséria silenciosa do rapaz sensibilizou o plantador. Anteriormente, James fora incapaz de imaginar que seus escravos fossem homens. Cegamente seguira as injunções do velho e sábio Catão, nos negócios de seus escravos. Mas aqui estava um que, obviamente, era humano e possivelmente cavalheiro. Este rapaz gritara que não desejava ser escravo. Os outros sempre vinham para terra, conhecendo sua sorte e demonstrando um rancor obstinado que precisava ser arrancado na cruz.

— Não fique tão desolado, menino! — disse ele. — Você é muito novo para vir para as colônias. Em poucos anos, será um homem forte.

— Mas eu desejava ser bucaneiro — disse Henry lentamente. — Vim para o mar a fim de fazer minha fortuna e meu nome. E como fazer essas coisas se sou escravo, trabalhando nos campos?

— Não pretendo pô-lo no trabalho dos campos. Andava mesmo desejando um rapaz para servir-me em casa, agora que estou envelhecendo. Desejava um... uma espécie de companhia que conversasse comigo e me ouvisse falar. Os outros plantadores vêm visitar-me e bebem o meu vinho; mas, quando se vão embora, acho que riem de mim e dos meus livros, dos meus adorados livros. Agora pode ser que, durante as tardes, você fique sentado comigo, e falaremos de assuntos dos livros. Julgo que seu pai era um cavalheiro. Você tem essa aparência. Hoje, — continuou James Flower suavemente — temos um enforcamento e precisamos apressar-nos para chegar a tempo. Não sei bem o que o homem fez, mas foi o bastante. E que diz... Oh! qual é o seu nome? Eu li em qualquer parte que o verdadeiro valor das punições violentas consiste em impressionar aqueles sobre os quais elas podem recair. Sim, creio que é sempre bom enforcar alguém. É dispendioso, mas muito conveniente para a boa harmonia entre os demais. Meu capataz atende a tudo isso. E sabe você? Penso que ele se diverte realmente.

Conduziu o rapaz para um amontoado de cabanas cobertas de barro, construídas bem juntas umas das outras, cada uma com sua porta abrindo para uma espécie de praça. No centro do largo, como um ídolo horrível, erguia-se uma alta forca, feita de madeira negra e polida com óleo, até brilhar estupidamente à luz do sol. Estava de tal modo situada que nenhum escravo podia olhar para fora de sua choça sem ver o horror negro que talvez viesse a ser o seu próprio fim. Isso era trabalho do capataz. Com suas próprias mãos, alisara a madeira escura até ficar bem polida e costumava vir olhá-la com a cabeça levantada, como um artista contempla um trabalho recém-terminado.

O plantador e o rapaz sentaram-se. Os escravos estavam reunidos no largo. Henry viu uma figura negra, despida, balouçar e agitar-se na ponta de uma corda, enquanto os negros se mexiam no chão, para diante e para trás, lamentando-se. Simultaneamente, os escravos brancos praguejavam para fugir à gritaria. Os caraíbas acocoravam-se e observavam sem o menor interesse ou temor, da mesma forma que deviam agachar-se e observar o fogo que cozinhava os alimentos.

Quando tudo terminou, e o condenado negro pendia seguro pelo pescoço quebrado, o plantador baixou os olhos e viu que Henry chorava nervosamente.

— Um espetáculo destes é muito doloroso, quando o assistimos pela primeira vez, — disse gentilmente. — Quando, pela primeira vez, assisti a uma cena destas, fiquei sem dormir uma porção de tempo. Depois que tiver visto cinco, dez, doze morrerem dessa forma, não mais sentirá e não mais se recordará; será como se tivesse simplesmente visto um frango bater as asas, com o pescoço torcido.

A respiração de Henry era irregular.

— Posso mostrar-lhe, nos trabalhos de Holmaron sobre a Inquisição, uma passagem a respeito do que você está sentindo. "Da primeira vez que se assiste ao sofrimento humano" diz ele "a sensação é sobrenatural, porque dentro da experiência de cada um, a regra são pessoas plácidas e em situação confortável. Mas, após certo número de experiências, a visão da tortura torna-se natural, e os seres humanos normais passam a apreciá-la de várias maneiras". Lembre-me, para mostrar-lhe em qualquer ocasião, essa passagem. Devo dizer, todavia, que jamais chegarei a apreciar esses fatos.

Nas tardes dos meses subsequentes, os dois sentavamse no centro da varanda e James Flower derramava todas as suas inéditas memórias nos ouvidos do jovem Henry Morgan. O rapaz escutava ansiosamente, porque muitas vezes o plantador falava das guerras antigas e do seu desenvolvimento.

— Essas coisas estão nos livros que cobrem as paredes? — perguntou Henry certa noite.

— Não só todas essas coisas, como milhares de outras.

Após certo tempo, Henry pediu:

— Pode ensinar-me a língua em que estão escritos esses livros, senhor? Devem existir coisas que eu gostaria de ler pessoalmente.

James Flower estava exultante. Ensinando a esse rapaz as coisas que lera, sentia uma satisfação até então desconhecida. Seu coração dedicava-se ao jovem escravo.

— O latim e o grego! — gritou, com entusiasmo. — Poderá aprendê-los comigo. E o hebreu também, se o desejar.

— Desejo ler livros sobre guerras e navegação — disse o jovem Henry. — Quero conhecer essas velhas guerras de que o senhor fala, porque, algum dia, serei um bucaneiro e tomarei uma cidade espanhola.

Nos meses que se seguiram, aprendeu mui rapidamente as línguas por causa do seu desejo de ler. James Flower, mais do que nunca, mergulhou profundamente nos seus livros, porque sua nova ocupação, ensinar, era-lhe uma experiência muito grata.

— Henry, pode avisar o feitor que ponha o melaço na praia? Está aí um navio para comprá-lo.

E mais tarde.

— Henry, há alguma coisa que eu possa fazer hoje?

— Bem, senhor, chegou aí um grande navio da Holanda. Estamos necessitando muito de foices, pois os caraíbas roubaram todas as velhas, para fazer espadas. Qualquer dia, teremos aborrecimentos com eles, senhor.

— Bem, vá você ver as foices, Henry, por favor. Detesto sair de casa com este sol. E castigue os índios por furtarem as coisas. Cuide disso também, sim?

Uma tarde, quando Henry já lá estava havia um ano, grangeou o completo respeito de James Flower, quase um respeito atencioso, embora não perdesse, com isso, nenhuma parcela da sua afeição.

— Analisou as velhas guerras, senhor? — perguntou Henry. — Li bastante sobre as de Alexandre, Xenofonte e César, e cheguei à conclusão de que as batalhas e táticas, isto é, as táticas vencedoras, nada mais são do que trapaças glorificadas. Naturalmente, as forças são necessárias, e também as armas; mas a guerra é vencida pelo homem, que fica para trás, como alguém trapaceando com as cartas, e confunde o inimigo com seus truques. Pensou nisso, senhor? Qualquer um que possa compreender o pensamento dos generais comuns, como eu compreendo o dos escravos, pode vencer batalhas. Um homem assim, deve apenas evitar fazer o que esperam que ele faça. Não é este o segredo das táticas, senhor?

— Não pensei nisso — respondeu James Flower um tanto enciumado.

Esse ciúme devia-se a que as pessoas de idéias só procuravam Henry. Mas o plantador sentiu grande conforto ao dizer consigo mesmo que, afinal, fora ele o professor que despertara essas idéias.

Dois anos após a chegada de Henry, o feitor foi liberado pelo fim de seu cativeiro. Ficou sem saber o que fazer da sua liberdade e o choque foi muito grande para sua mente sempre usada com controle. A fúria apossou-se dele e saiu gritando pelas estradas, atacando todos os que passavam. À noite, sua mania tornava-se terrível e frenética. Rolava pelo chão, sob as forças, espumava sanguinolentamente pela boca, enquanto os escravos o olhavam aterrorizados. De uma feita, levantou-se com o cabelo revolto, os olhos brilhantes e alucinados, agarrou uma tocha e embrenhou-se pelos campos. Henry Morgan desfechou-lhe um tiro quando ele se aproximou dos caniços que estavam crescendo perto.

— Quem conhece o trabalho tão bem como eu, e em quem mais pode o senhor confiar? — perguntou Henry ao plantador.

— Aprendi nos livros, e pelas minhas observações, o meio de fazer com que estas plantações se tornem cem vezes mais produtivas.

Dessa forma, tornou-se mais do que um simples feitor. Começou por tirar a forca do largo e, depois disso, as execuções passaram a ser feitas secretamente, à noite. Não era benevolência. Ele sabia, por intuição, que as coisas desconhecidas nunca seriam normais; que as punições secretas seriam ainda mais horríveis para os escravos remanescentes, do que as presenciadas à luz do sol.

Henry aprendeu muito no trato com os escravos. Sabia que jamais devia deixá-los conhecer seu pensamento, pois, de qualquer modo imperceptível, armar-lhe-iam um laço difícil de arrebentar. Devia ser frio, distante, e insultar aqueles que estivessem sob suas ordens. Com poucas exceções, tomariam o insulto como um sinal de sua superioridade. Os homens acreditavam que ele era o que parecia ser, e ele poderia ser quase tudo.

Se alguém anda magnificamente vestido, os homens presumem-no rico e poderoso, e tratam-no como se assim fosse. Quando se referia ao modo como desejaria as coisas, todos agiam em conformidade e como se ele assim o pretendesse. E, a mais importante de suas lições: se fosse perfeitamente honesto e prestasse escrupulosas contas de nove negócios consecutivos, depois da décima vez, poderia furtar quanto quisesse, e ninguém ousaria suspeitar dele somente porque, nas nove vezes antecedentes, chamara violentamente a atenção de todos para si.

Uma crescente pilha de moedas de ouro, numa caixa sob a sua cama, provava cabalmente a realidade desta última lição. Seguia à risca todos os ensinamentos. Jamais permitiu que alguém o surpreendesse em seus atos, pensamentos, habilidades e faltas. Quando muitos homens não acreditavam em si mesmos, não podiam acreditar em alguém que possuísse igual aparência.

Gradualmente, foi adotando essas regras na sua vida até que chegasse a ser senhor da plantação, até que James Flower desprezivelmente se apoiasse em seus conselhos e em suas convicções, até que os caraíbas, os negros e os traidores brancos o odiassem e temessem, não estivessem em condições de tomar qualquer atitude que o pudesse prejudicar.

James Flower era deliciosamente feliz, feliz como nunca fora, porque esse rapaz lhe tirara dos ombros o peso horrível da plantação. Não mais precisava pensar nos assuntos referentes ao cultivo do solo e cada vez mais mergulhava em seus livros. Agora que estava ficando velho, lia, sem o notar, sempre os mesmos livros. Muitas vezes, se sentia ligeiramente irritado com pessoa descuidosa que fizera anotações nas margens das páginas.

Henry Morgan conseguira para si uma grande plantação e um grande poder. Sob sua administração, a terra fora pródiga. Estava obrigando o solo a produzir quatro vezes mais do que anteriormente. Os escravos trabalhavam delirantemente sob o açoite que os acompanhava aos campos, mas não havia qualquer pessoa com açoites. O antigo capataz divertia-se com as punições, mas Henry Morgan não era cruel. Era implacável. Estava apenas acelerando as rodas de sua fábrica, e ninguém pensaria em ser gentil com um inseto ou uma roda em movimento. Não poderia, portanto, pensar em tratar bem os escravos.

Estava tirando dinheiro da terra e adicionando-o ao tesouro que guardava sob a cama: um pouco na estação de vendas da cana e uma parcela na compra de novo gado. Não era um furto, mas uma espécie de comissão pelo seu sucesso. O monte de ouro ia crescendo, crescendo para quando Henry pudesse ir para a pirataria, conquistar uma cidade espanhola.

VI

Henry trabalhara durante três anos e, embora tivesse somente dezoito, estava desenvolvido e forte. Seu encrespado cabelo negro parecia enrolar-se-lhe mais firmemente na cabeça, e sua boca, devido a lidar com escravos, era mais firme que nunca. Contemplara-se em um espelho e ficara satisfeito, mas seus olhos jamais perderam o hábito de se fixarem para além do presente. Precisava voltar para os mares, para os navios. O mar era sua mãe e sua esposa, a deusa que podia dar ordens e encontrá-lo pronto e alerta para o serviço. Seu próprio nome, na velha língua bretã, significava alguém que vivia pelo mar. Sim, agora os navios estavam constantemente chamando por ele. Seu coração navegava longe, com qualquer navio mercante que passasse.

Na casa grande, estudara e refletira sobre o que existia nos livros a respeito de navios, e na pequena chalupa da plantação navegara pelas águas próximas. Isso, porém, era um brinquedo de criança, pensava ele, e não o prepararia para ser um marinheiro técnico. Era-lhe necessário estudar avidamente, porque tencionava ir, em futuro próximo, para a pirataria e tomar uma cidade espanhola. Este era o trono de prata de todos os seus desejos. Assim, uma tarde...

— Há uma coisa sobre a qual desejo falar-lhe, senhor.

James Flower levantou os olhos do livro e recostou a cabeça na cadeira.

— Se possuíssemos um navio para transportar nossos produtos, — continuou Henry — economizaríamos uma grande soma de frete. O custo do navio seria logo compensado pelos lucros. Além disso, poderíamos transportar os produtos de outras plantações, mediante remuneração menor que a cobrada pelos cargueiros.

— Mas, onde poderíamos arranjar um navio? — indagou James Flower.

— No momento, há um no porto, de um ou dois mastros e...

— Então, compre-o; compre-o e cuide dele. Você entende desses assuntos melhor do que eu. Por falar nisso, eis aqui uma interessante suposição sobre os habitantes da lua. "Talvez sejam totalmente diferentes dos seres humanos" — leu James. — "Seus pescoços podem ser facilmente...".

— Custará setecentas libras, senhor!

— O que é que custará setecentas libras? Você parece não estar prestando atenção, como de costume, Henry. Ouça este parágrafo que é, ao mesmo tempo, interessante e instrutivo.

Henry adquiriu o navio e, depois de tê-lo raspado e pintado, batizou-o com o nome de "Elizabeth" e lançou-o ao mar. Ele tinha o que se denomina "mãos de cavalheiro", uma agradável sensação da personalidade do seu barco. Naturalmente, precisaria aprender as regras da navegação, mas, antes disso, alguma coisa do espírito do navio se insinuou em sua alma. Passou a dedicar ao barco uma parte do seu tempo, com um amor permanente e uma resoluta compreensão do mar. Pelo estremecimento do convés, pelo suave toque do leme, sabia, instintivamente, aonde o vento o podia levar. Sentia-se como um homem que, deitando a cabeça no seio de sua esposa, sente em sua respiração o fluxo de amor que dela emana.

Agora podia fugir de Barbados e dedicar-se à pirataria no garboso "Elizabeth". Mas o momento ainda não chegara. Seu tesouro não era ainda suficientemente grande e, por outro lado, estava ainda muito jovem. Além disso, sentia uma afeição curiosa, quase envergonhada, por James Flower.

Por enquanto, sentia-se satisfeito. A tendência que todos os homens possuem em vários graus, uns pelas cartas lustrosas, outros pelo vinho, outros ainda pelo corpo das mulheres, era, em Henry Morgan, satisfeita pelos botes do convés, o alcatrão e o estalido das velas. O vento soprando debaixo de um céu negro e horroroso era, para ele, uma taça de vinho, um desafio a uma carícia apaixonada.

Começou navegando para Jamaica com as colheitas e procurando carga nas ilhas próximas. Os lucros da plantação aumentavam e a caixa de moedas do moço estava ficando pesada.

Após alguns meses, um desejo forte e torturante se apossou dele. Era o desejo de um rapaz nutrido e forte. O "Elizabeth" saciara sua antiga paixão e surgia agora uma nova. Pensou ser a pirataria que o chamava, os belos objetos de seda e ouro e a admiração dos homens. Neste seu coração se fixava mais zelosamente que nunca.

Henry dirigiu-se às mulheres pardas e negras, nas choças dos escravos, tentando entorpecer seu ardor já que não podia satisfazê-lo. Elas o recebiam resignadas e passivas, ansiosas por agradar, esperando, assim, receber mais alimento ou uma garrafa de rum, como presente. De cada vez, ele voltava desgostoso, sentindo um pouco de piedade pela prostituição delas, prostituição pobre e esperançosa.

Uma vez, nas docas de escravos de Port Royal, encontrou Paulette e trouxe-a para servir como criada da casa. Era flexível, ainda que arredondada e, ao mesmo tempo, feroz e gentil. Pobre escrava de sangue mestiço, era espanhola, caraíba, negra e francesa. A herança dessa ancestralidade heterogênea era o cabelo semelhante a uma catarata de águas negras, olhos azuis como o mar, rasgados como os dos orientais, e uma pele dourada. Tinha uma beleza sensual e apaixonada e suas espáduas brilhavam como chamas. Seus lábios podiam mover-se como serpentes finas e insinuantes, ou tomar a forma de flores vermelhas. Era uma criança, embora já adulta no modo de viver. Apesar de cristã, adorava os ídolos de madeira e entoava canções solenes em honra da Cobra Grande.

Henry pensava nela como numa delicada máquina construída para o prazer. Era como essas mulheres altas e frias que à noite flutuam nas águas do sono, corpos sem alma, corpos de sonhos apaixonados. Construiu para ela uma casa pequena, cor-de-vinho, coberta de folhas de bananeira, onde abrigavam o seu amor.

A princípio, Paulette era-lhe apenas grata pela vida fácil, preguiçosa e confortável que ele lhe proporcionava; mas, depois, apaixonou-se doidamente. Observava-lhe o rosto como um cão inteligente, esperando saltar de prazer selvagem ou cair humilhada a uma palavra do amante.

Quando Henry se tornava sério e distraído, ela ficava temerosa. Ajoelhava-se, então, diante do seu deus de ébano das servas ou orava à Virgem, pedindo proteção para o seu amor. Às vezes, atirava ao ar copos de leite para o alado *Jun-Jo-Bee* que faz os homens permanecerem fiéis. Com a paixão terna e furiosa de seu sangue mestiço, procurava mantê-lo seguramente sob as suas vistas. De seu corpo e de seu cabelo, emanava um irresistível perfume oriental, pois ela friccionava-se com sândalo e mirra.

Quando ele estava sombrio...

— Amas a tua Paulette? — perguntava ela. — Amas a tua Paulette? Tens certeza de que a amas?

— Certamente que te amo, Paulette. Como poderia um homem ver Paulette, a queridinha Paulette, como beijar seus doces lábios e não se apaixonar por ela?

E os olhos dele vagavam pelo mar, ao longe, pesquisando a terra curva.

— Mas amas realmente Paulette? Vem, então, beijar o seios pequenos da tua Paulette.

— Sim, realmente amo Paulette. Pronto! Já beijei e o feitiço está feito. Agora sê ainda uma criança. Escuta o coaxar das rãs. Imagina o que assustou o macaco barbado daquela árvore; talvez algum escravo furtando frutas.

E seu olhar tornava a correr, sem descanso, pelo mar.

No fim do ano, o feroz amor da escrava fez brotar fortes videiras de medo sufocado. Ela sabia que, quando Henry a abandonasse, ficaria muito mais sozinha do que antes. Seria forçada a ajoelhar-se na terra dos campos e cultivar as plantas com suas mãos, como faziam as outras mulheres. Depois, um dia seria conduzida à choça de um grande negro de poderosos músculos, que magoaria aquele corpinho dourado com suas garras de besta, e a deixaria grávida de uma criança negra, uma forte criança negra que trabalharia, quando crescesse. Isso acontecera a todas as outras mulheres da ilha. Seu cérebro era violentamente sacudido por esse pensamento e sua mente amadurecida sabia muito bem que, dentro de alguns dias, Henry a abandonaria.

Depois, em seu pensamento de criança, surgiu o caminho da salvação; somente se ele a desposasse — parecia impossível, embora estranhos acontecimentos se tivessem verificado — somente se ele a desposasse, poderia deixar de temer qualquer coisa. Porque esses estranhos seres, as esposas, estavam, de algum modo, sob a proteção divina, livres do desconforto e do imprevisto. Ah! ela vira isso em Port Royal: mulheres cercadas por seus homens, empenhados em mantê-las afastadas dos contatos imundos, respirando através de roupas perfumadas para amortecer os odores desagradáveis e, algumas vezes, com chumaços de algodão nos ouvidos, para não ouvirem as maldições proferidas nas ruas. E Paulette sabia, sem lhe contarem, que em seus lares elas se deitavam em grandes cama macias, e languidamente davam ordens a seus escravos.

Esta era a abençoada situação que ousava desejar, mas sabia que o encanto do seu corpo, embora grande, não era bastante para isso. Muitas vezes, seu poder falhara. Se o mantivesse satisfeito de amor, ele não voltaria à sua cama durante certo tempo; quando ela recusasse saciar-lhe a paixão, ou ele iria embora de mau humor, ou riria, atirando-a brutalmente sobre a cama baixa, de folhas de palmeira. Precisava imaginar alguma força invencível, algum meio poderoso para obrigá-lo a desposá-la.

Quando Henry partiu com um carregamento de cacau para Port-Royal, Paulette estava decidida. Conhecia o amor que o rapaz dedicava ao navio, sua paixão pelo mar, e sentia-se terrivelmente enciumada. Em sua imaginação, via-o acariciando o leme com a pressão forte e terna dos dedos amorosos. Ah! ela quebraria, despedaçaria aquela roda que lhe roubava o amante. Era preciso obrigá-lo a amar Paulette mais do que aos navios, mais do que ao mar, mais do que qualquer coisa na terra; amá-la tanto que a desposasse. Então, ela passaria arrogantemente entre as choças, e cuspiria nos escravos; depois, não precisaria mais pensar em capinar a terra ou em amamentar uma criança negra; teria, então, vestidos vermelhos para usar e uma corrente de prata para pendurar ao pescoço. Seria até possível que, uma vez ou outra, o jantar lhe fosse servido na cama, quando simulasse estar doente. Só de pensar nisso, torcia os dedos dos pés e imaginava os insultos que dirigiria àquela negra gorda, quando fosse esposa de Henry. Aquela miserável, velha e gorda, chamara-lhe porcalhona na frente de uma porção de gente. Paulette arrancara-lhe mechas de cabelo, antes de a segurarem e lhe prenderem os braços; mas um dia essa negra ainda haveria de pagar. Paulette desejaria vê-la açoitada na cruz.

Enquanto Henry estava fora, um navio mercante surgiu no porto e Paulette foi à praia ver as mercadorias que o barco trazia e os marinheiros tostados pelo vento que vinham à terra. Um deles, irlandês grande e claro, enxarcado de rum, perseguiu-a e agarrou-a entre uma pilha de caixas. Forte e ágil, ela lutou para livrar-se, mas ele segurou-a fortemente e subjugou-a.

— Agarrei uma fada para consertar meus sapatos — disse ele, rindo-lhe na face. — Realmente é uma fada.

Viu, depois, que era pequena e muito bonita, e falou-lhe ternamente e em voz baixa:

— Você é uma fada maravilhosa, a mais adorável que meus olhos já viram. Podia um corpinho delgado como o seu sentir alguma coisa por um monstro feio como eu? Duvido. Venha e case-se comigo. Terá tudo quanto as modestas posses de um marinheiro lhe puderem proporcionar.

— Não, não! — gritou ela, e desvencilhando-se do braços do homem, fugiu.

— Foi um sonho — murmurou ele. — Foi somente um sonho dos espíritos. Uma coisa dessas não pode acontecer a um pobre marinheiro. Não! Para os marinheiros existem lindas feiticeiras de olhar penetrante e duro que dizem: "Vem! Mas antes mostra o dinheiro, meu querido!"

Paulette encontrara o meio de fazer Henry casar-se com ela. Pensava embriagá-lo. Enganá-lo-ia com vinho e haveria um padre bem perto para chegar quando ela chamasse. Acontecem tantas coisas estranhas!

Na primeira noite, depois que ele voltou do mar, ela preparou a armadilha: um grande frasco de pedra cheio de vinho peruano, e um padre subornado com uma moeda roubada, escondido ao pé de uma árvore. Henry estava muito cansado. Saíra com pouca gente e ajudara nos trabalhos do navio. A pequena cabana cor-de-vinho era para ele um lugar agradável e de repouso. Uma grande lua branca arremessava salpicos de prata sobre o mar e espargia pelo chão faixas de luz dourada. Docemente, a brisa da mata cantava por entre as palmeiras.

Ela trouxe o vinho, enchendo-lhe uma taça.

— Amas Paulette?

— Amo! Assim como Deus me vê, amo Paulette! Querida e doce Paulette!

Outra taça e outra vez persistente:

— Tens certeza de que amas Paulette?

— Paulette é uma estrelinha presa ao meu peito por uma corrente de prata!

Outra taça.

— Não amas ninguém mais, além de tua Paulette?

— Caminhei impacientemente para encontrar Paulette; a imagem dela navegava comigo no mar.

E seus braços enlaçaram com firmeza a cinturinha delicada. Outra taça, outra e outra. Depois, seus braços soltaram-na e suas mãos se fecharam. A moça assustou-se, porque Henry se tornara insensível e frio:

— Oh! Amas Paulette?

— Falarei a você dos tempos idos — disse ele com voz rouca. — Eu era um rapazinho, um alegre rapazinho, embora já suficientemente crescido para amar. Havia uma menina — seu nome era Elizabeth — filha de um cavalheiro rico. Ah! era encantadora como esta noite, tranquila e amorosa como a esguia palmeira à luz do luar. Eu a amava com esse amor que só se tem uma vez. Até nossos corações pareciam andar de mãos dadas! Como recordo os planos corajosos que traçamos, ela e eu, à noite, sentados na encosta da colina! Iríamos viver numa grande casa, teríamos adoráveis crianças, crescidas ao nosso lado. Você jamais poderá conhecer tal amor, Paulette. Ah! Não pode durar. Os deuses mataram a felicidade com seus ciúmes. Nenhuma coisa boa pode subsistir. Um grupo de marinheiros degenerados passou pela terra e carregou-me, um rapazinho, para ser vendido como escravo nas Índias. Foi doloroso perder Elizabeth, uma amargura que os anos não podem apagar.

Chorava mansamente ao lado da moça. Paulette estava transformada pela mudança que se verificava nele. Acariciou-lhe os cabelos até que sua respiração ficou mais calma. Depois começou novamente, com quase desesperada impaciência, como uma professora interrogando um aluno rude:

— Mas... você ama Paulette?

Ele levantou-se e encarou-a.

— Você? Amar você? Você é apenas um pequeno animal, um belo animal dourado, uma forma de carne e nada mais. Pode alguém adorar um deus somente porque ele é grande, ou cuidar de uma terra que não tem qualidades, a não ser o seu tamanho, ou amar uma mulher cuja única virtude está em sua carne? Ah, Paulette, na realidade você não tem alma! Elizabeth tinha uma alma branca e alada. Eu amo você, sim, no que você tem para ser amado: o corpo. Mas, Elizabeth... Amei-a como a minha própria alma.

Paulette esta confusa.

— Que é essa alma? — perguntou ela. — Como posso conseguir uma, se até agora não a possuí? E onde está a sua alma que nunca vi ou ouvi? E se não pode ser vista, ouvida e tocada, como sabe você que ela tinha essa alma?

— Cala-te! — gritou ele furiosamente — Cala-te ou esmurro-te a boca e mando-te açoitar na cruz. Falas de coisas que estão acima da tua compreensão. Que sabes tu do amor que não depende da carne enganosa?

VII

O Natal chegou para os Trópicos, o quarto Natal da servidão de Henry. James Flower trouxe-lhe uma caixa amarrada com barbante colorido.

— É um presente próprio para a data — disse ele, e seus olhos faiscaram de satisfação enquanto Henry desatava o embrulho.

Era uma pequena caixa de teca e, dentro dela, sobre a seda escarlate do forro, os fragmentos rasgados da servidão do rapaz. Henry tirou da caixa os pedaços de papel, fitou-os e depois riu estrepitosamente, apertando a cabeça entre as mãos.

— Agora você não é mais meu servo e sim meu filho — disse o plantador. — Agora você é meu filho a quem ensinei estranhas coisas; e ensinar-lhe-ei mais, muito mais. Havemos de viver aqui e às tardes conversaremos juntos.

Henry ergueu a cabeça.

— Mas eu não posso, não posso ficar. Preciso ir para a pirataria.

— Você... você não pode ficar? Mas, Henry, eu já planejei a nossa vida. Você não me deixará aqui sozinho.

— Senhor, — disse Henry — preciso ir para a pirataria, porque durante toda a minha vida tem sido esse o meu único anseio. Preciso ir, senhor.

— Mas Henry, querido Henry, você terá, desde já, metade da minha plantação, e quando eu morrer será dono de tudo, apenas com a condição de ficar comigo.

— Não pode ser! — gritou o jovem Henry. — Preciso fazer o meu nome e não o conseguirei se continuar sendo um plantador. Senhor, há projetos em minha cabeça que se tornaram perfeitos pelo amadurecimento, e coisa alguma pode interferir na realização deles.

James Flower enterrou-se na cadeira.

— Sem você haverá aqui muita solidão. Não sei bem o que fazer, sem a sua companhia.

Henry transportou-se aos velhos tempos, com Robert sorrindo para o fogo e dizendo essas mesmas palavras: "Sem você, meu filho, haverá aqui muita solidão". Imaginava sua mãe ainda sentada friamente, ereta e silenciosa. Decerto, já lhe teria perdoado aquilo. As pessoas sempre desculpam o que lhes causa espanto. Pensou depois, na pequenina Paulette, que choraria de terror em sua cabana, quando ele lhe contasse.

— Há uma escrava, — disse ele — a pequena Paulette, que eu tenho protegido. Se sempre procurei agradar-lhe, senhor, fará isso por mim? Conserve-a sempre na casa e nunca permita que a mandem para os campos, ou a açoitem na cruz, ou que ela vá procriar com um negro. O senhor fará isso por mim?

— Naturalmente que farei! — disse James Flower — Ah, seria bom tê-lo aqui, Henry. Que bom ouvir a sua voz, à tarde. Agora, que farei? Não há ninguém para substituí-lo porque, na realidade, você foi meu filho. Sem você, rapaz, haverá, aqui muita solidão.

Henry prosseguiu:

— O trabalho que fiz para o senhor foi mais do que pago com os ensinamentos que me deu, nessas tardes. Sentirei falta do senhor mais do que posso dizer. Mas necessita compreender. Preciso ir para a pirataria e conquistar uma cidade espanhola, pois acho que, se um homem planejar cuidadosamente e considerar suas possibilidades e os homens que tem, a tarefa pode ser realizada. Estudei as guerras antigas e preciso fazer o meu nome por mim mesmo, e a minha fortuna. Depois, quando tiver conquistado a admiração dos homens, talvez volte aqui, senhor e, então, poderemos novamente sentar-nos e conversar durante as tardes. Lembrar-se-á do meu desejo a respeito de Paulette?

— Quem é Paulette? — perguntou o plantador.

— É a serva que mencionei. Nunca a deixe ir viver com os escravos porque gosto muito dela.

—Ah, sim! Lembro-me! E para onde vai agora, Henry?

— Para Jamaica. Meu tio, Sir Edward, há muito é o tenente-governador de Port Royal. Nunca o procurei porque eu era um cativo e ele um cavalheiro. Tenho uma carta para ele, que me foi dada por meu pai, há alguns anos. Talvez me ajude a comprar um navio para as minhas pilhagens.

— Eu o ajudarei a comprar o navio. Você foi muito bom para mim — disse o plantador esperançoso.

— Não, não! — interrompeu o rapaz — Tenho maior pagamento em seus ensinamentos e no pai que foi para mim, do que no dinheiro com que me recompensar.

Agora que estava prestes a partir, Henry sentia que chegara a amar esse cara vermelha, esse homem pensativo.

Negros fortes e reluzentes empunharam os remos da canoa e ela deslisou para um navio ancorado, um navio comissionado pelo governo para carregar escravos negros da Guiné para as ilhas. James Flower, sentado na popa da canoa, estava muito vermelho e silencioso. Como, porém, se aproximassem do costado do navio, ergueu a cabeça e discutiu com Henry:

— Há, nas estantes, livros que você nunca leu.

— Algum dia voltarei e, então, os lerei.

— Tenho na cabeça coisas que nunca lhe revelei, rapaz.

— Quando eu tiver a admiração dos homens, voltarei à sua presença e, nessa ocasião, o senhor as contará.

— Jura?

— Sim, juro!

— E quanto tempo levará para fazer essas coisas?

— Não posso dizer. Um ano, dez, vinte... Preciso conquistar um grande nome.

Henry estava subindo pelo costado do navio.

— Eu ficarei sozinho, pelas tardes, meu filho.

— E eu também, senhor. Olhe! Estamos partindo. Adeus, senhor! Lembra-se-á de Paulette?

— Paulette? Paulette?... Ah, sim, lembro-me.

VIII

Henry chegou à cidade inglesa de Port Royal e deixou sua bagagem na praia enquanto foi procurar o tio.

— Sabe onde posso encontrar o tentente-governador? — perguntava ele pelas ruas.

— O palácio é acolá, moço. Quem sabe se ele está?

Seu palácio! Eis como um cavalheiro inglês se tornara um oficial, longe do lar. Era justamente o homem que Robert Morgan descrevera. Suas cartas iam datadas do palácio do tenente-governador. Henry encontrou o palácio, uma casa baixa de paredes brancas, coberta de telhas vermelhas, mal amoldadas. Junto à porta, um alabardeiro pomposo, segurava rigidamente a arma inofensiva, esforçando-se por manter uma aparência decente na face torturada por um enxame de moscas impertinentes.

O alabardeiro impediu a passagem de Henry.

— Estou procurando Sir Edward Morgan.

— Que deseja de Sua Excelência?

— Ele é meu tio, e desejo falar-lhe.

O soldado franziu a testa, em ar de suspeita, e segurou mais fortemente a arma. Então, Henry recordou-se do que aprendera nas plantações. Talvez esse homem, dado o seu casaco vermelho fosse pouco mais que um escravo.

— Saia do meu caminho, miserável! — gritou. — Saia da minha frente ou mandá-lo-ei enforcar.

O homem agachou-se e quase deixou cair a arma.

— Sim, senhor. Transmitirei seu recado, senhor.

Soprou um apito de prata e, quando um criado cheio de cordões verdes chegou à porta, disse:

— Um jovem cavalheiro deseja ver Sua Excelência.

Henry foi conduzido a um pequeno aposento escurecido por espessas tapeçarias cinzentas, debruadas a ouro velho. Das paredes pendiam três pálidos retratos com molduras negras, dois cavalheiros com chapéu de pluma, segurando horizontalmente as espadas que mais pareciam entorpecidas e delgadas caudas, e uma linda senhora de cabeleira e vestido de seda que lhe deixava descobertos os ombros e os seios.

De além da passagem vedada pela cortina, vinha o som de uma harpa vagarosamente tangida. O criado tomou a carta de Henry e retirou-se.

O jovem sentiu-se muito isolado. Era uma casa fria, excessivamente arrumada. As pessoas acautelavam-se, com um polido desprezo até pelas figuras pintadas na parede. As armas da Inglaterra estavam bordadas nas cortinas da porta: o leão de um lado, segurando meio escudo, e o unicorne, com sua metade, do outro lado. Quando as cortinas caíam verticalmente, o desenho ficava completo. Neste aposento, Henry começou a temer seu tio.

Todos os pensamentos se chocaram em seu cérebro, quando Sir Edward apareceu. Era seu pai, tal qual se lembrava dele. É verdade que o velho Robert nunca usaria um bigode tão fino, e coisa alguma o levaria a comprimir tão fortemente os lábios até ficarem da grossura do bigode. Ambos poderiam ter nascido iguais como feijões, mas cada qual criara a sua própria boca. Robert dissera a verdade: era a sua imagem, mas empertigada. Sir Edward parecia um ator que, embora em situação ridícula, faz o seu papel, com todos os correspondentes absurdos, parecendo corretos. Sua purpúrea casaca, de cordões na gola e nos punhos, o comprido espadim, fino como um lápis, embainhado em seda cinzenta, as meias também de seda cinzenta e os moles sapatos cinzentos com laçarotes de fita, davam a Henry a medida o tipo acabado da moda. As boas roupas do moço pareciam miseráveis em comparação com aquelas.

O tio olhava-o firmemente, esperando que Henry falasse em primeiro lugar.

— Sou Henry Morgan, senhor; filho de Robert — começou simplesmente. Bem, eu... não sei. Vim procurá-lo e informá-lo da minha presença.

— É uma gentileza sua; muita gentileza, até.

Tornava-se difícil iniciar uma conversa neste ambiente de quase ridícula cortesia. Henry indagou:

— Teve alguma notícia de meus pais, nestes cinco anos em que estive ausente?

— Cinco anos? Que esteve fazendo todo esse tempo?

— Fui um contratado, senhor; mas, e a respeito de meus pais?

— Sua mãe morreu.

— Minha mãe morreu?! — repetiu o moço num sussurro.

Sempre imaginara que ela não resistiria à sua partida. Mas não se sentia muito mal com a notícia, embora as palavras tivessem uma significação tremenda. Era apenas o fim de alguma coisa que nunca mais tornaria a existir.

— Minha mãe morreu! — tornou de novo —. E meu pai?

— Ouvi dizer que seu pai anda delirando pelo seu jardim de rosas. O cavalheiro Rhys escreveu-me a respeito. Arranca as flores desabrochadas e atira-as ao ar, como um louco. O chão vive coberto de pétalas e os vizinhos ficam ali por perto, rindo. Meu irmão Robert nunca foi normal; nunca foi muito equilibrado, pois, se o fosse teria ido longe no tempo do rei James I. Eu, por mim, sempre pensei que alguma desgraça lhe havia de acontecer. Nunca respeitou coisa alguma digna de respeito. Por que anda agora fazendo essas coisas às claras, com o povo escarnecendo? Põe toda a família em ridículo.

— E o senhor acha que ele está realmente louco, meu tio?

— Não sei — continuou Sir Edward, acrescentando com um aceno de impaciência: — simplesmente citei a carta do cavalheiro Rhys. Minha situação não me deixa tempo para conjecturas vãs e muito menos para conversas frívolas — terminou com finura.

Cessara o tanger da harpa. A cortina da porta foi afastada para o lado e uma moça esguia entrou no aposento. Era difícil observá-la nesse lugar escuro. Decerto, não era bela, mas tinha uma certa orgulhosa imponência. Estava vestida com simplicidade e sua face era pálida. Até seu cabelo tinha o frágil tom do ouro desmaiado. Parecia inteiramente um eco descorado e cansado de Sir Edward.

A moça surpreendeu-se de ver Henry e este sentiu-se um tanto amedrontado com sua aparição, da mesma forma que começava a temer Sir Edward. Ela olhou para o rapaz como se se tratasse de um ser desprezível que apenas as estritas regras da cortesia impediam de expulsar.

— Seu primo Henry! — disse Sir Edward rapidamente. — Minha filha Elizabeth, órfã de mãe. — E nervosamente, como se nenhum bem pudesse advir deste contato, voltou-se para a moça:

— Não seria melhor você ir estudar música mais um pouco, minha querida?

Ela fez menção de cumprimentar Henry e numa voz como a de seu pai, murmurou:

— Como está? Sim senhor, acho que será melhor estudar. Esta última peça é difícil, mas muito linda.

Desapareceu atrás da cortina, de onde veio, novamente, o lento e acurado tanger da harpa.

Henry tomou uma resolução, embora tivesse receio desse homem.

— Há uma coisa sobre a qual desejo falar-lhe, meu tio. Quero ir para o mar, ingressar na pirataria, com um grande navio provido de canhões. Quando eu tiver feito bastantes presas e tiver conseguido adestrar uma boa tripulação, talvez capture uma cidade espanhola, para pilhagem e resgate. Sou um bom marinheiro, meu tio. Posso navegar em qualquer mar e pretendo planejar cuidadosamente a minha campanha. Li muito sobre as guerras antigas. Os bucaneiros jamais constituíram a força em que pretendo transformá-los. Estou certo de que poderia formar exércitos e esquadras com eles, meu tio. Com o correr do tempo, poderia vir a governar a Irmandade Livre da Costa e, então, se poderia contar com uma força armada. Pensei em todas essas coisas durante os longos anos da minha servidão, e tenho em mim o desejo invencível de as realizar. Creio que o fim de todos os meus sonhos é um grande nome e uma grande fortuna. Conheço bem as minhas possibilidades. Tenho vinte anos, passei alguns deles no mar e possuo mil libras. O homem que me ajudar agora e que será uma espécie de sócio em minhas empresas, tenho a certeza de que o farei rico. Peço-lhe, meu tio, que acrescente às minhas mil libras o suficiente para eu comprar um navio armado e reunir à minha volta homens livres e valentes que obedeçam às minhas ordens. Se o senhor puser outras mil libras em minhas mãos, juro-lhe que o farei muito mais rico do que é.

O som da harpa morrera de novo. No início da explosão do rapaz, Sir Edward ergueu a mão como para o interromper, mas as palavras continuaram a jorrar. Quando a harpa silenciou, olhou inquietamente para a porta, mas seu interesse pareceu tornar a concentrar-se no rapaz.

— Não tenho dinheiro para arriscar em aventuras duvidosas, — disse duramente — nem tenho tempo para conversar. A qualquer momento, poderá aparecer o Governador. Mas sempre lhe quero dizer que você é um louco e acabará sendo enforcado por causa das suas aventuras. Seu pai é como você. Devo informar-lhe de que reina paz entre Espanha e Inglaterra, que existe paz. Se você for fazer pilhagem, terei de o mandar punir, embora fique muito triste com isso. Os "cabeças redondas" não mais estão no poder, e essas coisas selvagens que Cromwell tolerava são agora atentamente observadas. Lembre-se do que lhe disse, pois não terei nenhum prazer em enforcar meu sobrinho. E agora, desejo-lhe um bom dia.

Lágrimas de desilusão vieram aos olhos do rapaz.

— Muito obrigado pela sua visita — acrescentou o tio. — Adeus!

E atravessou a porta das cortinas.

Na rua, Henry pôs-se a caminhar tristemente. Avistou à curta distância sua prima, que ia à frente acompanhada de um servo alto e negro. Caminhou devagar para que ela pudesse conservar a distância, mas a moça atrasou o passo.

— Talvez ela deseje falar-me — disse consigo; e apressou-se em alcançá-la. Verificou, com surpresa, que a escuridão do aposento o enganara: ela era apenas uma mocinha, tendo, no máximo, catorze anos. Elizabeth sentiu-o aproximar-se.

— Achou coisas interessantes para fazer nas Índias? — perguntou Henry.

— As mesmas que qualquer pessoa pode encontrar — replicou ela. — E sabe? Não me posso demorar.

E tocando com o guarda-sol no ombro do escravo, enveredou por uma rua transversal, deixando o jovem Henry a olhar para ela.

O rapaz sentia-se amargurado com esses orgulhosos parentes que pareciam repeli-lo como se fosse um tolo. Não lhe era possível considerá-los néscios porque o haviam impressionado profundamente. Seu sucesso provinha de tê-lo feito sentir-se sozinho, desamparado e muito moço.

As estreitas ruas de Port Royal eram grandes lamaçais imundos, de chão batido pelas carretas e por inumeráveis pés descalços. Port Royal assemelhava-se a uma cidade do mesmo modo que o Palácio do Tenente-Governador se assemelhava a White Hal. As ruas não passavam de estreitas vielas, cheias de sujas casas de madeiras, cada uma com um balcão que dava para a rua, e de onde os moradores, sentados, viam passar Henry; viam-no passar não com interesse mas fastidiosamente, como pessoas doentes observam as moscas que passeiam no teto.

Uma das ruas parecia não ter outros habitantes além de mulheres, mulheres negras, pardas e brancas, com a febre estampada nas bochechas ocas. Recostavam-se em seus balcões como sereias imundas e faziam ao rapaz ternos apelos. Como ele não lhes desse atenção, gritavam como papagaios enfurecidos, vomitavam imprecações e cuspiam.

Perto da fonte, chegou a uma espécie de taverna, literalmente tomada por uma grande multidão. No meio da estrada havia uma pipa de vinho com a tampa superior arrancada, junto à qual um homenzarrão embriagado, vestido com rendas ordinárias e um empertigado chapéu de plumas, passava copos, tigelas e até chapéus cheios de vinho aos que estavam nas proximidades. Fazia constantes brindes e a multidão aclamava-o.

O jovem Henry pretendeu levar mais longe a sua tristeza.

— Eh, moço! Vem beber à minha saúde!

— Não quero beber — respondeu Henry.

— Não queres beber? — O homenzarrão ficou surpreendido com a insólita resposta. Em seguida, sua cólera explodiu: — Por Deus que há-de beber, sempre que o capitão Dawes, que apresou esta semana o navio de suprimentos "Sangre de Cristo", te convidar!

Aproximou-se sobriamente e, sacando um grande revólver do cinto, apontou-o, com incerteza, ao peito de Henry.

O rapaz olhou a arma e disse:

— Beberei à sua saúde.

Enquanto bebia, veio-lhe uma idéia.

— Gostaria de falar a sós consigo, capitão Dawes, a respeito da sua próxima viagem.

E puxou o pirata para fora da taverna.

— Minha próxima viagem será ao Inferno! — berrou o capitão. — Acabo de fazer uma grande presa, hein? Consegui dinheiro, hein? Que está, então, dizendo aí sobre a próxima viagem? Espere até que o dinheiro se acabe e os feridos estejam curados. Espere até que eu tenha secado todo o vinho de Port Royal, então venha falar-me a respeito da próxima viagem!

Dito isso, voltou-se para a multidão.

— Homens! — gritou — Há horas que vocês não bebem à minha saúde. Venham, venham, brindemos juntos e depois cantemos!

Henry, desesperado, continuou o caminho. No porto, estavam ancorados numerosos navios. Aproximou-se de um marinheiro sentado na areia.

— Belo navio, aquele lá! — disse para iniciar conversa.

— Ah, ótimo!

— Há algum pirata famoso na cidade?

— Nenhum, além de Dawes, que não passa de um rato barulhento. Apresou um pequeno barco de suprimentos para Campeche, e até parece que trouxe o Panamá para casa, tal a barulheira que faz por causa disso.

— Mas não há nenhum outro?

— Há um, chamado Grippo, mas não faz presas, a menos que vão desarmados. Grippo tem medo da própria sombra. Está aí no porto sem presa alguma, bebendo rum a crédito, pode crer.

— Qual é o navio dele? — perguntou Henry.

— Está lá. Chama-se "Ganymedes". Dizem que Grippo o roubou em Saint-Malo, quando a tripulação estava embriagada. Ele e nove companheiros atiraram pela amurada os pobres miseráveis entorpecidos e fugiram com o navio para as Índias. Não há dúvida de que é uma ótima embarcação, mas Grippo não é comandante. O que mais me admira é que o não tenha afundado até agora. Mansvelt, sim. Esse é um comandante de verdade. Mas agora está em Tortuga.

— É um bom e esperto marinheiro — observou Henry — embora pudesse carregar mais lona sem prejuízo algum. E a respeito de canhões?

— Dizem que está quase desarmado.

Nessa noite, Henry encontrou o pirata bebendo numa choça da praia. Era quase negro e duas longas cicatrizes lhe cortavam as bochechas, como se um fio de seda tivesse sido comprimido contra a carne, até desaparecer. Seus olhos dardejavam em todos os sentidos, como sentinelas de um acampamento povoado de terrores.

— É você a quem chamam Grippo? — perguntou.

— Não fiz nenhuma presa — gritou o homem saltando para trás. — Não faço presas e você não tem razão para me prender.

Certa vez, em Saint-Malo, fora abordado desse modo e açoitado na cruz até que cem bocas se tivessem aberto em seu corpo, soltando cada qual o seu riso de sangue. Desde então, Grippo tremia diante de qualquer rosto autoritário.

— Quem é você? — perguntou.

— Acho que posso fazer sua fortuna, Grippo! — disse Henry com segurança. Sabia como interessar esse homem, pois ele era igual a muitos escravos das plantações, covarde e talvez insaciável. — Que faria você com quinhentas libras inglesa, Grippo?

O outro passou a língua pelos lábios ressequidos e fitou o copo vazio à sua frente:

— Que preciso fazer para ganhar esse dinheiro? — perguntou em voz soturna.

— Vender-me o comando do "Ganymedes".

Grippo tornou-se prudente.

— O "Ganymedes" vale muito mais — respondeu com firmeza.

— Mas eu não quero comprar o navio; desejo apenas o comando. Faremos uma combinação por escrito;

dar-lhe-ei quinhentas libras pela metade do interesse no "Ganymedes" e pelo seu comando. Sairemos para o mar e tenho a certeza de conseguir boas presas se não houver interferência de terceiros na minha tripulação. Se eu falhar em qualquer uma das empresas, você receberá o navio de volta e poderá ficar com as quinhentas libras.

Grippo ainda olhava o copo vazio, mas subitamente ficou excitadíssimo.

— Dê-me o dinheiro! — gritou — Depressa! Dê-me o dinheiro!

Em seguida, voltou-se para o criado:

— Olotto! Olotto! Traga-me vinho branco, vinho branco pelas chagas de Cristo!

Capítulo III

I

Havia muitas reputações brilhantes na costa de Darien, por entre as verdes ilhas caraíbas, quando Henry se tornou pirata. Pelas tavernas de Tortuga, corriam histórias de milhares de fortunas feitas e desfeitas, de excelentes navios conquistados e afundados, de ouro e prata despejados nos portos como se se tratasse de madeira.

A Fraternidade Livre tornara-se uma coisa terrível desde que Pierre, o Grande, saíra sorrateiramente das florestas de Hispaniola, seguido de um pequeno bando de caçadores, e capturara, com uma canoa, o vice-almirante da esquadra de prata. França, Inglaterra e Holanda viram, nessas ilhas, ótimos locais para o desterro dos seus criminosos e, durante anos, mandaram despejar nas Índias o que havia de mais vil na ralé humana. Houve tempo em que alguém que não pudesse dar boa conta de si era metido à força num navio e entregue como servo a quem quer que oferecesse em troca uma pequena soma. Uma vez terminado o cativeiro, esses homens roubavam armas e iam guerrear a Espanha. Isso não era de estranhar porque a Espanha, católica e rica, perseguia os huguenotes, luteranos e os adeptos da Igreja e Inglaterra, que eram pobres.

Era quase uma guerra santa. A Espanha dispunha, praticamente, dos tesouros do mundo. Se pobres e arruinados seres podiam apanhar uma moeda através das fechaduras, de quem era a culpa? Quem pensaria em excetuar a Espanha? Certamente a Inglaterra, a França e a Holanda tomavam algumas providências. Às vezes, proviam os piratas de comissões contra Aragão e Castela, de modo a não ser difícil que o homem que agora ostenta o título de "Capitão pela graça do Rei", tivesse sido, dez anos antes, remetido para as Índias em um navio prisão.

A França tinha o amor das crianças confiadas à sua guarda e, por isso, enviara para Tortuga mil e duzentas mulheres destinadas para esposas dos bucaneiros. Mas, se essas mil e duzentas mulheres, logo que chegaram à terra, se haviam dedicado a um negócio mais rendoso do que o matrimônio, não era culpa da França, nem ela podia ocupar-se disso.

Os bucaneiros adotaram esse nome no tempo em que eram apenas caçadores de gado. Havia um sistema de defumar carne, queimando juntamente pequenos pedaços de gordura, que a tornava mais saborosa. Foi deste sistema, chamado *Boucan* que os piratas tiraram o seu nome. Após algum tempo, porém, esses caçadores foram saindo das matas em pequenos grupos cautelosos, organizaram-se depois em bandos, surgiram em esquadras completas de oito e mais embarcações e, finalmente, reunindo-se aos milhares em Tortuga, saíam desse lugar seguro em perseguição dos navios espanhóis.

A Espanha era impotente para lhes dar caça. Enforcava dez, mas logo uma centena aparecia para os substituir. Em breve, foi obrigada a fortificar suas cidades e a mandar seus tesouros sob a proteção de navios de guerra repletos de soldados. Os enxames de embarcações vindas das colônias espanholas foram afugentados dos mares pelos ferozes bucaneiros, e apenas uma vez por ano a armada de prata navegava para a metrópole.

Havia, na Fraternidade, muitos nomes e façanhas famosas que levariam Henry Morgan a morder-se de inveja se não estivesse possuído da certeza de um dia os obscurecer.

Bartolomeu Português fizera uma grande presa, mas antes que pudesse escapar com ela, foi capturado perto de Campeche. A forca, onde seria justiçado, fora tirada de bordo do navio e levantada na praia à sua vista. Na noite anterior à execução, apunhalou o guarda e fugiu, nadando, agarrado a um barril. Antes de uma semana, voltou novamente com piratas, numa grande canoa, e roubou o mesmo navio no porto de Campeche. Naturalmente acabou por perdê-lo durante uma tempestade, ao largo de Cuba. Mas esta história era alegremente narrada nas tavernas.

Roche Brasiliano era um holandês bochechudo. Quando moço, fora levado para o Brasil pelos portugueses e, da colônia destes, adotara o nome. Por singularidade, não tinha nenhum rancor dos portugueses, voltando-se todo o seu ódio contra a Espanha. Era um capitão benquisto, gentil e educado, contanto que não houvesse espanhóis perto de si. Seus homens veneravam-no e só faziam brindes em honra do seu nome. Uma vez, quando seu navio naufragou perto de Castilla de Oro, matou a maior parte da cavalaria espanhola e utilizou-se do restante dos animais para fugir. Quando havia por perto homens de Espanha, Roche transformava-se numa besta espumante. Contava-se que, em certa ocasião, mandara assar os prisioneiros em espetos verdes e a fogo lento.

Como os ricos carregamentos iam escasseando no mar, os bucaneiros foram obrigados a atacar vilas e, depois, até mesmo as cidades fortificadas. Lewis Scòtt assaltou Campeche, deixando-a reduzida a um montão de escombros fumegantes.

L'Ollonais viera de Sables d'Ollon e, rapidamente, se tornou o homem mais temido das águas ocidentais.

Começou por um ódio real contra a Espanha e terminou com um forte amor pela crueldade. Arrancava línguas e, com sua própria espada, fazia os prisioneiros em pedaços. A gente de Espanha preferia mil vezes topar com o diabo a ter de defrontar L'Ollonais. A simples menção de seu nome esvaziava as localidades e até se dizia que os ratos fugiam para os matagais à sua aproximação. Tomou Maracaibo, Nova Gibraltar e São Jaime de Leão. Por toda a parte, exerceu uma feroz matança, devida ao seu amor à crueldade.

Uma vez, quando o desejo de sangue se apoderou dele, ordenou que oitenta e sete prisioneiros fossem amarrados e deitados em filas, no chão. Percorreu, depois, essas filas, carregando numa das mãos a espada e noutra uma pedra de amolar, e nesse dia, com suas próprias mãos decepou oitenta e sete cabeças.

Mas L'Ollonais não se contentava com assassinar os homens de Espanha. Foi para o agradável país de Yucatan, cujo povo vivia em arruinadas cidades de pedras e onde as virgens eram coroadas de flores. O povo de Yucatan era muito sossegado e estava em inexplicável decadência. Quando L'Ollonais partiu, as cidades eram montes de pedra e cinzas e não mais havia coroamentos de flores.

Os índios de Darien eram diferentes: ferozes, audazes e inflexíveis. Os espanhóis chamavam-lhes "bravos" e juravam que eram indomáveis. Eram amigos dos piratas porque também odiavam a Espanha, mas L'Ollonais saqueou-os e assassinou os homens da tribo. Esses índios esperaram muito tempo pela vingança, mas, por fim, apanharam L'Ollonais quando este naufragou nas costas do seu país. Fizeram uma fogueira e dançaram durante horas e, em seguida, queimaram o corpo do francês, pedaço por pedaço, primeiro os olhos, depois um dedo, enfim, um bocadinho de cada vez.

Certa noite, surgiu numa taverna de Tortuga um delgado cavalheiro francês, o qual, quando lhe perguntaram o nome, agarrou um grande barril de rum, atirando-o para longe.

— "Bras de Fer" — respondeu. — E pouco tempo depois, ninguém duvidava disso. Nunca se chegou a saber se escondia seu nome por vergonha, mágoa ou ódio, mas toda a costa o conheceu como um grande e valente capitão.

Esses eram os autores das frases que corriam em todas as bocas.

"Sem pilhagem, não há pagamento" — vociferava o Exterminador e agora todos diziam o mesmo. Quando o capitão Lawrence, num pequeno barco, foi atacado por duas fragatas, disse aos seus homens: "Vocês têm muita experiência para não ficar sensíveis ao perigo que os cerca, e muita coragem para temê-lo". Foi um ótimo dito e, amparados na bravura que despertou, seus seguidores capturaram os dois navios espanhóis e levaram-nos para Goaves.

Muitos deles não eram cruéis, nem sequer violentos. Alguns possuíam um curioso traço de piedade. Havia o capitão Watling que resolvera fazer o serviço divino todos os sábados, com toda a tripulação assistindo, descoberta. Daniel, certa vez, atirou num marinheiro por causa da sua irreverência. Esses piratas rezavam baixinho antes das batalhas e, quando bem sucedidos, metade deles corria a uma igreja capturada para cantar um "Te Deum" enquanto a outra metade procedia ao saque da presa.

Os capitães de navio mantinham a mais estreita disciplina entre os seus homens, punindo rapidamente qualquer insubordinação ou atitude que pudesse interferir em seus sucessos. No mar, não se verificavam desordens como as que mais tarde foram toleradas por Kidd, Blackbeard e Lafitte.

Mas um homem se ergueu acima de todas as histórias da Fraternidade Livre. Era o holandês chamado

Mansveldt, Edward Mansveldt. Em matéria de tropas e bravura, era famoso, pois tomara Granada, St. Augustine, na Flórida e a Ilha de Santa Catarina. Capitaneando uma grande esquadra, navegou pelas costas de Darien e Castilha de Oro, tomando tudo quanto estava ao seu alcance. Mas sonhava, também, com um grande poder. Além de sua turba de heróis esfarrapados, desejava construir, na América, uma nação forte e duradoura, uma nova e agressiva nação. À medida que os bucaneiros se arregimentavam sob seu comando, mais e mais se ia materializando o seu sonho. Consultou a respeito os governos de Inglaterra e da França, os quais, surpreendidos, lhe proibiram de pensar em semelhante coisa. Uma raça de piratas irresponsáveis a criar para as forças da coroa? Acabariam por saquear toda a gente. Absolutamente não devia pensar nisso.

Mas ele continuou planejando. Seu governo deveria iniciar-se nas ilhas de Santa Catarina. Lá fixou uma parte dos seus homens e, depois, foi pensando em mais gente para povoar o novo país. Seu navio naufragou perto da cidade de Havana e os espanhóis penduraram Edward Mansveldt numa forca.

Eram esses os homens que Henry Morgan pensava comandar, no que não via dificuldade, uma vez que planejasse cuidadosamente e ponderasse bem as suas possibilidades. Eram homens capazes, mas sentiam-se pequenos para as grandes ações. Imprudentes e vaidosos, poderiam contudo ajudá-lo algum dia.

Mansveldt ainda vivia e "Bras de Fer" era um velho quando Henry Morgan saiu a navegar com o mestiço Grippo.

II

Houve excitação e curiosidade em Port Royal quando Morgan estava equipando o "Ganymedes" para se fazer ao mar. Provisões e armas estranhas iam entrando para bordo. Atraídos pela calma confiança desse jovem, muitos marinheiros apresentaram-se para fazer parte da tripulação. O capitão encontrou cinco artilheiros de boa fama e engajou-os. Quando o "Ganymedes" desfraldou suas velas e deslizou para fora do porto, uma multidão de curiosos permanecia na praia assistindo à partida.

Cruzaram a costa de Darien em busca de presas, mas o mar permanecia deserto de embarcações espanholas. Certa manhã, ao pé do porto de Cartagena, divisaram o alto casco de um navio mercante. O capitão Morgan escondeu os seus homens, não permitindo que se visse vivalma. Até o timoneiro trabalhava num cubículo, enquanto a roda do leme se movia ociosamente no convés. Do navio espanhol observavam, e a tripulação parecia abismada. Aproximava-se um barco e não havia pessoa alguma dentro dele. Parecia feitiçaria ou uma dessas misteriosas tragédias do mar, de que tanto gostam de falar os marinheiros. Talvez uma peste tivesse dizimado toda a tripulação, em virtude do que poderiam tomar o navio e depois vendê-lo. Mas quando já estavam perto, três canhões camuflados começaram a vomitar fogo; atiraram ao mesmo tempo e logo o leme do navio espanhol foi destroçado, ficando este a rodar sem controle. Então, o capitão Morgan, virando de bordo, fora do alcance da artilharia inimiga, espalhou fogo até a bandeira ser arriada. Era a primeira presa levada a efeito de acordo com o seu plano.

Poucos dias depois, um novo barco e correu a abordá-lo. A tripulação inimiga estava a postos, contra a amurada, para repelir o ataque. Imediatamente o ar encheu-se de panelas de pólvora que iam explodir sobre o apinhado grupo contrário, e os espanhóis gritando, corriam a abrigar-se nos porões, buscando escapar a essa morte relâmpago.

Quando, afinal, Henry Morgan regressou a Tortuga, quatro presas seguiam na sua esteira e ele não perdera um só homem. Tudo se passara tão facilmente como imaginara. Ali estavam as quatro provas da excelência dos seus planos. O que cumpria era fazer com rapidez coisas inesperadas. Esse era o segredo das guerras vitoriosas.

Mansveldt estava em Tortuga quando Henry Morgan chegou e seus olhos brilharam de admiração ao ver esse butim. Imediatamente procurou o novo comandante.

— Você é o capitão Morgan que fez essas quatro presas que estão no porto?

— Sim, senhor. Sou eu.

— E como praticou essa façanha? Os navios espanhóis são tão cautelosos e fortemente armados!

— Executei-as de acordo com os meus planos. Durante muitas noites, estudei como devia agir. Trabalho com a surpresa, senhor, ao passo que os outros usam apenas a força.

Mansveldt olhava-o com admiração.

— Estou equipando uma grande expedição destinada a tomar a Ilha de Santa Catarina, — disse ele. — Depois, vou fundar uma república de bucaneiros, que lutarão por patriotismo. Quer ser o vice-almirante dessa expedição? Eu tenho alguma fama como recrutador de homens.

O nome de Mansveldt era poderoso nos mares e Henry corou de prazer.

— Apreciaria muito, — senhor disse rapidamente.

Quando a esquadra partiu, o capitão Morgan era o vice-almirante. Foi um magnífico assalto: os navios arremessaram-se em grupos desordenados e a matança começou. A ilha não pôde resistir à fúria do ataque e, por fim, a fortaleza capitulou. Então, o holandês formou o seu governo, deixando Henry Morgan no comando e saiu a percorrer os mares em busca de suprimento. Ele e seu navio perderam-se e nunca mais se ouviu falar dele. Corria que os espanhóis o haviam garroteado em Cuba.

O capitão Morgan era, agora, o comandante supremo do mundo espanhol. Navios afluíam de todos os caminhos para incorporar-se à sua esquadra, navegar sob seu comando, lutar sob suas ordens e partilhar dos seus sucessos. Atacou Puerto Bello e saqueou a cidade. As casas foram incendiadas e todos os inermes cidadãos despojados. Quando o capitão Morgan partiu, já o mato se ia insinuando pelas ruínas.

Durante dez anos, navegou pelo oceano, entre as ilhas e ao largo das verdes costas da América Tropical, e seu nome era o maior dentre todos os que se dedicavam à pilhagem. Os piratas do mundo eram atraídos por sua fama. O povo aplaudia-o em Tortuga e Goaves e homens inumeráveis apresentavam-se voluntariamente para todas as expedições. A Fraternidade esperava sempre que o capitão Morgan abrisse um tonel de vinho nas ruas ou rompesse em corridas desordenadas pela cidade, porém ele nunca fez isso. Passeava friamente de um lado para outro, vestindo uma casaca purpúrea, meias de seda cinzentas e sapatos também cinzentos, de laçarotes. Do cinturão, pendia-lhe um espadim não mais grosso que um lápis, embainhado em seda cinzenta.

A princípio, os marinheiros tentaram estabelecer camaradagem com ele, mas Morgan despedia-os com gelados insultos. Ainda tinha na cabeça as lições dos escravos. Nunca afagou a popularidade, mas a Fraternidade Livre derramava-a sobre ele com toda a generosidade. Erguiam-se vidas e fortunas à sombra do seu sucesso.

III

Passaram-se dez anos de lutas, saques e incêndios. Contava, agora, trinta e seu cabelo grisalho parecia enovelar-se-lhe mais firmemente na cabeça. Henry Morgan era um vencedor, o membro da Fraternidade Livre mais favorecido da sorte que o mundo já conhecera, e os homens da sua posição prodigalizavam-lhe a admiração por que tanto almejara. Seus inimigos — qualquer espanhol que tivesse dinheiro era seu inimigo — estremeciam à simples menção do seu nome e sua fama equiparava-o a Drake e L'Ollonais.

Partira com Grippo na "Ganymedes" certo de que, quando seus canhões metralhassem um barco espanhol e se visse batalhando em um convés espanhol, por entre gritos e o choque das armas de ferro, experimentaria aquela felicidade flamejante pela qual seu coração ansiava. Experimentara todas essas emoções mas nem mesmo se sentira contente. Uma ânsia indefinida crescia e enterrava as garras em seu coração. Imaginara que a adulação da Fraternidade pudesse curar a ferida do seu desejo e que ficaria satisfeito e lisonjeado quando os piratas se maravilhassem com o resultado dos seus planos. Agora, os homens adulavam-no servilmente mas ele sentia crescer cada vez mais o seu desprezo por eles, pobres idiotas que se impressionavam diante de coisas tão simples.

Estava em plena glória, mas solitário. Recordava, então, as palavras de Merlin, muito tempo antes, que lhe predissera a fama, a glória solitária, sem amigos em parte alguma. O desejo de seu coração ficaria escondido nele. Todos os seus temores, tristezas, recalques e pequenas debilidades teriam de ser dissimulados. Esses, que agora se reuniam para aclamar o seu sucesso, abandoná-lo-iam ao primeiro sinal de fraqueza.

Enquanto andava empenhado em suas vitoriosas piratarias, um vago rumor se insinuava pelo istmo, se espalhara pelas ilhas e se introduzira nos navios. Os homens apanhavam o nome sussurrado e guardavam-no cuidadosamente.

"Vive no Panamá uma mulher, cuja beleza é como o sol. Chamam-lhe a Santa Vermelha, e todos os homens correm a ajoelhar-se a seus pés". Este era o murmúrio que corria. Foi crescendo, crescendo, até que os homens, nas tavernas, já bebiam à saúde da "Santa Roja". Os jovens marinheiros suspiravam por ela. "Há uma mulher na Taça de Ouro, diante de quem os homens se prostram como os pagãos diante do sol" — diziam em voz baixa pelas ruas de Goaves. Ninguém jamais a vira, ninguém podia dizer a cor da suas faces ou a tonalidade dos seus cabelos. Mas, apesar disso, em pouco tempo, não havia em todo o selvagem Novo Mundo homem que não tivesse erguido o seu copo em honra da "Santa Roja". Tornara-se um símbolo, o anseio de todos aqueles que haviam deixado nas praias européias alguma beldade, cuja imagem o tempo ia gloriosamente colorindo. E Panamá passara a ser para todos eles o ápice das suas ambições. Não havia conversa de homens que terminasse sem uma alusão à "Santa Roja". Tornou-se um delírio na mente dos grosseiros piratas, uma nova Virgem para ser adorada. Muitos diziam que ela era a própria Virgem Maria vinda de novo à terra e usavam-lhe o nome em suas preces.

Quando o capitão Morgan tomou Puerto Bello, o Governador do Panamá encheu-se de temor e admiração por aquele bando esfarrapado de homens intrépidos que fora capaz de tomar uma cidade como aquela, e enviara um mensageiro encarregado de obter uma amostra das armas que haviam tornado possível essa façanha. O capitão Morgan levou o mensageiro para um aposento que escapara ao incêndio geral.

— Viu a mulher a que no Panamá chamam a Santa Vermelha? — perguntou.

— Nunca a vi, mas já ouvi falar a seu respeito. Os moços, em suas orações, somente colocam acima dela a Virgem Santa. Dizem que é formosa como o sol.

— Qual é o seu nome, além de "Santa Roja"?

— Não sei. Apenas ouvi dizer que é tão bela como o sol. No Panamá, dizem que ela veio de Córdoba, esteve em Paris e é de família nobre. Dizem que galopa, escarranchada no dorso de grandes cavalos, por um prado cercado de densa sebe. E que, em sua mão, um florete se torna uma coisa viva, e é capaz de esgrimir mais habilmente do que qualquer homem. Faz todas essas coisas em segredo, ninguém as pode presenciar, pois isso seria um crime contra a sua modéstia.

— Bem, — interrompeu o capitão Morgan — se ela for tão bela como dizem, não precisará ser modesta. A modéstia é apenas uma espécie de remendo que se põe sobre a beleza, quando há visitas. Gostaria de vê-la cavalgar. E sabe mais alguma coisa a seu respeito?

— Apenas o que se diz pelas tavernas. Que ela roubou a adoração dos verdadeiros santos.

O capitão manteve-se longo tempo pensativo, enquanto o mensageiro esperava silenciosamente. Por fim, sacudiu a cabeça como para se libertar de idéias absorventes, tirou uma pistola do cinturão e entregou-a ao mensageiro.

— Leve isto a D. Juan Perez de Guzmán e diga-lhe que é uma das armas que usamos para reduzir a cinzas Puerto Bello. Minhas outras armas são os corações dos meus companheiros. Não lhe enviarei um, agora, porque em breve tenciono levar-lhe lá um grande número deles. Diga-lhe que guarde essa pistola durante um ano, pois nesse espaço de tempo irei ao Panamá recebê-la pessoalmente de suas mãos. Compreende?

Poucos dias depois, o mensageiro retornou, trazendo de volta a pistola e um anel com uma esmeralda triangular.

— Meu senhor pede-lhe para aceitar esta pedra como sinal de sua admiração, e encarregou-me, também, de lhe dizer para não se dar ao incômodo de ir ao Panamá, pois, então, bem pode suceder que a sua admiração tenha de ser sobrepujada pelo seu dever, que o forçaria a enforcá-lo numa árvore.

— É uma boa mensagem — respondeu o capitão, — uma boa e valente mensagem. Gostaria de encontrar-me com D. Juan, ainda que apenas na ponta de uma espada. Há muito tempo que ninguém me desafia... E ficou sabendo mais alguma coisa a respeito de Santa Roja?

— Apenas o que dizem pelas ruas, senhor. Mandei proceder a um rigoroso inquérito para o servir. Já lhe disse, por acaso, que na rua ela usa um espesso véu, a fim de que ninguém lhe veja o rosto? Alguns dizem que Santa assim procede, para que os homens que a encontrarem não se matem por amor. Não pude saber mais do que isso. Tem alguma outra mensagem, senhor?

— Não. Repita apenas que dentro de um ano estarei na Taça de Ouro.

IV

Através de toda a sua vida, fora como um catavento, sempre apontando com firmeza mas nunca por muito tempo na mesma direção. As Índias, o mar, as pilhagens, a glória, tudo parecia tê-lo cansado. Alcançara todas essas coisas e vira-as empalidecer e sumir ao seu toque. Sentia-se solitário. Seus homens apreciavam-no respeitosamente, com sombrio receio. Temiam-no, mas esse sentimento já não alimentava, como antes, a sua vaidade.

Admirava-se de não contar um amigo entre todos os seus homens, mas o tempo que vivera em seu castelo interior fora tão longo que um tal pensamento o enchia de pueril embaraço. Qual, dentre eles, poderia ser seu amigo? Recordava-os com seus ares soturnos, seus olhos brilhantes de cobiça na divisão do butim e maior se tornava o seu desprezo por eles.

Apenas um lhe chamara a atenção: um jovem francês a quem chamavam "Coeur de Gris". Vira-o em ação,

114

saltando pelo convés com a flexibilidade de um animal, alçando a espada como uma vibrante labareda prateada. Cumpria toda as ordens com um sorriso e se em seus olhos havia decerto respeito, não parecia haver medo, ciúme ou suspeita.

"Surpreende-me a possibilidade de Coeur de Gris vir a tornar-se meu amigo — dizia consigo o capitão. — Dizem que deixou magoados, de Cuba a Saint Kit, uma fila de corações, e por isso o temo um pouco".

Mandou chamar o rapaz e, quando este se apresentou, sentiu dificuldade em falar-lhe.

— Como vai você, Coeur de Gris?

O rapaz mostrou-se surpreendido com aquela demonstração de simpatia.

— Bem, senhor, estou muito bem. Tem alguma ordem para mim?

— Ordens? Não. Achei apenas que gostaria de conversar com você.

— Conversar comigo, senhor, mas sobre o quê?

— Bem, sobre todas essas paixões que lhe atribuem, — disse o capitão esforçando-se por ser jovial.

— A fama é mais generosa comigo do que a natureza, senhor.

— Ouça-me, Couer de Gris! Você não acha que eu preciso de um amigo? Que necessito me comunicar com alguém? Todos os meus homens me temem. Procuramme para receber ordens, mas nunca para passar quietamente um bocado do dia. Bem sei que a culpa é minha. Foi necessário, em certo momento, que as coisas se passassem desse modo, pois precisava ser respeitado antes de poder exigir obediência. Mas, agora, há ocasiões em que desejaria expandir meus sentimentos e falar de outra coisa que não sobre guerras e despojos. Durante dez anos assolei os mares como um lobo solitário e não tenho amigos em parte alguma. Escolhi você

115

para meu amigo. Primeiro, porque o aprecio e, depois, porque não há, na terra, coisa alguma que eu pretenda roubar-lhe. Desse modo, poderá estimar-me sem receio. É extraordinário como os meus homens suspeitam de mim! Sempre lhes prestei contas rigorosas de cada viagem, mas, se além disso, lhes tivesse falado como amigo, quebrariam a cabeça para descobrir meus secretos desígnios. Poderá ser meu amigo, Coeur de Gris?

— Certamente, capitão. E se tivesse adivinhado isso, já o seria há mais tempo. Em que posso ser-lhe útil, senhor?

— Oh, basta conversar comigo de vez em quando e confiar um pouco em mim. Não tenho outro motivo além da minha solidão. Mas você fala e age como um cavalheiro, Coeur de Gris. Posso interrogá-lo sobre sua família e se esse seu nome é um disfarce como usam muitos por aqui?

— É muito simples falar-lhe de minha família, capitão. Dizem que meu pai era o grande Bras de Fer, e quem ele fosse ninguém o ignora. O povo deu-me este nome em memória dele. Minha mãe é uma das livres mulheres de Goaves. Contava dezesseis anos quando eu nasci, e vinha de uma antiga família huguenote. Suas propriedades foram destruídas por ocasião da Matança de São Bartolomeu, de modo que estavam sem vintém quando minha mãe veio ao mundo. Um belo dia foi apanhada pela guarda nas ruas de Paris e mandada para Goaves num navio carregado de mulheres da vida. Bras de Fer encontrou-a pouco depois.

— Mas você diz que ela é uma mulher livre — disse Henry Morgan escandalizado com a aparente falta de vergonha do rapaz. — Acho que ela devia deixar esse... essa profissão, agora que você está obtendo sucesso no mar. Você está ganhando o suficiente para ambos, e até mais.

— Sei disso,mas ela continua. Eu não lhe digo nada. Por que hei-de interferir no que ela considera um traba-

116

lho sério? Tem orgulho da sua profissão, porque os fregueses se recrutam entre a melhor gente do porto. Isso a envaidece. Embora esteja beirando os quarenta, pode competir com essas insossas delambidas e inexperientes que chegam todos os anos. Por que hei-de mudar o alegre curso da sua vida, embora o pudesse fazer? É uma mulher querida e adorável, e tem sido excelente para mim. Seu único defeito é ter uma porção de pequenos escrúpulos. Briga comigo quando estou em casa e chora quando me vou embora. Tem um medo terrível de que eu acabe por encontrar uma mulher que me prejudique.

— Considerando a vida que leva, não deixa de ser esquisito, hein? — disse Morgan.

— Por que esquisito? Acha que por elas terem essa profissão não têm o direito de pensar assim? Não, senhor; garanto que sua vida é impecável. Reza três vezes por dia e não há em Goaves casa mais ordenada do que a sua. Quando lá fui a última vez, levei-lhe um xale que me coube em partilha, uma belíssima peça bordada a ouro. Pois não queria aceitá-lo. Dizia que, talvez, tivesse pertencido a alguma mulher da igreja romana e não seria direito que a usasse uma boa huguenote. Ah! Ela preocupa-se tanto quando estou no mar! Tem um medo horrível de que eu possa ser ferido, mas ainda se preocupa mais com a salvação da minha alma. Esta é a história de toda a minha família.

O capitão Morgan encaminhou-se para um armário e trouxe dele alguns curiosos frascos de vidro do Peru. Cada frasco tinha dois gargalos e, quando o vinho saía por um deles, um som doce e murmurante saía pelo outro.

— Tirei isso de um navio espanhol. Quer beber comigo, Coeur de Gris?

— Sentir-me-ei muito honrado, senhor.

Ficaram sentados longo tempo, bebericando. Depois, o capitão Morgan disse com ar sonhador:

— Suponho, Coeur de Gris, que um dia você encontrará a Santa Roja e, então, teremos as abelhas do Panamá zumbindo sobre nós. Não tenho dúvidas de que ela é tão ciumentamente guardada quanto Helena. Já ouviu alguma vez falar da Santa Roja?

— Sim, ouvi — respondeu com brandura. — Tenho sonhado com ela e clamo por ela nos meus sonhos. A quem não sucede isso? Quem, neste pedaço de mundo, não ouviu falar dela, e quem, por outro lado, conhece dela a mínima coisa que seja? É extraordinária a magia desse nome de mulher! "La Santa Roja" desperta o desejo no coração de cada homem. Não um desejo ativo, realizável, mas um "se eu fosse bonito, se eu fosse um príncipe". Os rapazes fazem planos loucos: uns pensam ir ao Panamá, disfarçados; outros, fazê-lo explodir com cargas de pólvora. Sonham tirar de lá a Santa Roja. Ouvi um marinheiro, roído pela doença, murmurar consigo mesmo, durante a noite: "Se eu não estivesse neste estado, iria aventurar-me pela Santa Roja". Minha mãe consome-se em Goaves, no receio de que eu fique louco e corra para a Santa. Vive aterrorizada com essa estranha mulher. "Não chegues perto dela, meu filho — diz ela. — Essa mulher é perversa, um demônio. Além disso, deve ser católica". Que saibamos, ninguém a viu. Na verdade, nem sabemos se existe, na Taça de Ouro, uma mulher como a Santa Vermelha. Ah! Não há dúvida de que ela espalhou pelo mar sonhos ardentes, e temo que algum dia a Taça de Ouro tenha a sorte de Tróia, por causa dela.

Henry Morgan encheu os copos outra vez, e outra ainda. Estava enterrado em sua cadeira e um perverso sorriso lhe aflorava aos lábios.

— Sim, — disse soturnamente — ela é um perigo para a paz das nações e para a imaginação dos homens. É uma coisa absolutamente ridícula. Decerto não passa de uma cadela petulante que extrai da lenda todo o brilho da sua fama. Mas como pôde surgir uma tal lenda? À sua saúde, Coeur de Gris! Você será, para mim, um bom e verdadeiro amigo?

— Sem dúvida, meu capitão.

E outra vez ficaram silenciosos, bebendo o precioso vinho.

— Mas há muitos sofrimentos ligados às mulheres — recomeçou Henry Morgan, como se tivesse interrompido a palestra. — Elas parecem carregar a dor consigo, num saco por onde ela se vai escoando. Dizem que você amou muitas vezes, Coeur de Gris. Nunca sentiu a dor que elas causam?

— Não, senhor. Acho que nunca senti. Certamente tive pesares e pequenas tristezas, como toda a gente, mas, na maioria dos casos, encontrei apenas prazer.

— Então, você tem tido muita sorte — disse o capitão. — Você tem a sorte de não conhecer a verdadeira dor. Minha vida foi influenciada por um amor perdido.

— Mas como foi isso, senhor? Nunca pensei...

— Sim, sim. Mudei tanto que até você se ri à idéia de eu ter amado algum dia. Não era possível que eu possuísse agora o amor da filha de um conde.

— Da filha de um conde?

— Sim, da filha de um conde. Amávamo-nos muito, apaixonadamente mesmo. Um dia ela veio encontrar-se comigo num jardim coberto de rosas e ficou em meus braços até que o dia rompeu. Eu pensava fugir com ela para algum país belo e novo e jogar ao mar o seu título. Talvez estivesse agora vivendo placidamente na Virgínia, no meio das pequenas alegrias que faziam o prazer da minha juventude.

— É uma grande pena, senhor!

Coeur de Gris sentia sincera comiseração por aquele homem.

— Pois bem! O pai dela teve conhecimento do nosso amor e, numa certa noite escura, meus braços foram amarrados, e ela — querida Elizabeth! — arrancada de mim. Levaram-me, ainda amarrado, para um navio e venderam-me em Barbados. Podes agora avaliar o azedume que vive, sem descanso, em meu coração? Durante estes anos, seu rosto me acompanhou em todos os atos da vida. Creio que, mais tarde, devia ter tomado qualquer atitude, mas o pai dela era um homem poderoso.

— E o senhor não voltou para ela, depois de terminado o seu cativeiro?

Henry Morgan fitou os olhos no chão:

— Não, meu amigo. Nunca mais voltei.

V

A lenda da Santa Roja subiu-lhe ao cérebro como um vinho capitoso. Vinha do Oeste como uma voz que o escarnecia, zombava e enganava Henry Morgan. Esqueceu o mar e seus navios ociosos. Os bucaneiros ficaram sem dinheiro por causa da sua inatividade. Discutiam nos conveses, blasfemavam contra o capitão por causa do seu sonho louco. Henry Morgan lutava furiosamente contra a terrível pressão, discutia com a própria consciência:

"Deus castigue "La Santa Roja" por soltar a loucura pelo mundo. Ela reduziu os lobos do mar a cachorrinhos doentes de cio e a mim está enlouquecendo com este desejo frívolo. Preciso fazer alguma coisa, qualquer coisa para acalmar a insistente perseguição desta mulher que nunca vi. Preciso destruir este fantasma. É uma estupidez pensar na captura da Taça de Ouro. Parece que o meu desejo antigo está morto".

Lembrou-se, então, do sonho que o arrancara de Câmbria, agora duplicado e fortalecido. Seus pensamentos afugentavam-lhe o sonho. Quando a dormência se insinuava pelos calcanhares da exaustão, "La Santa Roja" também vinha.

"— Tomarei Maracaibo! — gritava desesperado — Afogarei esse desejo numa taça de horror! Saquearei Maracaibo, reduzi-la-ei a escombros e deixá-la-ei sangrando no pó".

"Há uma mulher na Taça de Ouro, que todos adoram por causa da sua inenarrável beleza", — dizia-lhe a consciência.

"Faça a concentração na "Ilha de la Vaca!" — opunha a outra voz. — Procure, por todos os recantos, os verdadeiros corações do mar! Vamos às riquezas!"

Seus navios partiram para a baía de Maracaibo, cuja cidade estava em furiosa defensiva.

— Corram para dentro desse porto alinhados em forma de garrafa! Sim, sob os canhões.

As balas silvavam, arrancando das muralhas densas nuvens de poeira, mas a defesa mantinha-se firme.

— Não se rendem? Então, tomem de assalto!

Panelas de pólvora voavam sobre as muralhas, despedaçando e mutilando os defensores.

— Quem são esses lobos? — gritavam. — Ah, irmãos! Precisamos lutar até a morte! Não podemos esperar clemência, irmãos! Se fraquejarmos, nossa querida cidade...

As escadas foram encostadas ao forte e uma turba ululante enxameou pelas paredes.

— Ah, San Lorenzo, protegei-nos! Sustentai-nos! Isto não são homens, mas demônios. Escutai-me, escutai-me, guardas! Jesus, onde estais agora?

— Desçam pelas muralhas! Não deixem pedra sobre pedra!

"Há uma mulher na Taça de Ouro, tão bela e adorável quando o sol" — dizia a voz.

— Não poupem nenhum bairro! Matem os ratos espanhóis! Matem todos eles!

E Maracaibo estendeu-se, suplicante, a seus pés. As portas foram arrancadas das casas, as casas despojadas de todas as coisas móveis. Reuniram e fecharam todas as mulheres numa igreja e trouxeram os prisioneiros à presença de Henry Morgan.

— Aqui está um velho senhor. Temos a certeza de que possui riquezas, mas escondeu-as e nada pudemos encontrar.

— Ponha-lhe os pés no fogo! É um idiota imprudente. Quebre-lhe os braços! Se ele não falar, trace-lhe a cara a chicote. Mate-o! Mate-o, faça-o calar esses gritos! Talvez nem tenha dinheiro!

"Há uma mulher no Panamá..."

— Apanharam todas as pepitas de ouro? Ponham a cidade em resgate. Depois dos tormentos inflingidos, precisamos obter riquezas!

Uma frota de navios espanhóis partira para libertar a cidade.

— Aproxima-se uma esquadra espanhola? Dar-lhe-emos combate. Não, não! Fujamos, se pudermos escapar. Nossas embarcações são vagarosas por causa do peso do ouro. Matem os prisioneiros!

"... tão bela e adorável como o sol!"

O capitão Morgan abandonou a arrasada Maracaibo. Seus navios conduziam duzentas e cinquenta mil peças de ouro, sedas, baixelas de prata e sacos de especiarias, imagens de ouro da Catedral e paramentos incrustados de pérolas. A cidade era um montão de ruínas lambidas pelo fogo.

— Somos mais ricos do que poderíamos desejar. Quando chegarmos, haverá alegria em Tortuga. Cada homem é um herói, teremos um barulho infernal!

"La Santa Roja está no Panamá".

— Ah, meu Deus! Se tem de ser, que seja. Mas receio caminhar para a morte. É um risco terrível, mas se este é o meu desejo, que se cumpra embora eu tenha de morrer.

Mandou chamar o jovem Coeur de Gris:

— Você distinguiu-se na luta, meu amigo.

— Cumpri o meu dever, senhor.

— Mas lutou otimamente. Vi-o quando investimos. Agora, nomeio-o meu ajudante, meu substituto no comando. Você é valente, sagaz e meu amigo. Posso confiar em você. E qual dos meus homens suportaria essa confiança embora a merecesse para falhar?

— É uma grande honra, senhor! Recompensá-lo-ei com a minha fidelidade. Minha mãe ficará muito satisfeita.

— Sim — disse o capitão Morgan — você é um jovem tolo, mas isso não deixa de ser uma virtude quando se tem um comandante. Agora os homens estão forçando o regresso, a fim de poderem gastar o dinheiro. Se pudessem, empurrariam os navios para chegarem mais depressa. Que fará com o seu dinheiro, Coeur de Gris?

— Acho que mandarei metade para minha mãe. O restante dividi-lo-ei em duas partes. Guardarei uma delas e com a outra espero beber durante alguns dias, ou talvez uma semana. Não é mau a gente embebedar-se depois da luta.

— A embriaguez nunca foi um prazer para mim — disse o capitão. — Deixa-me muito triste. Mas tenho a remoer no cérebro uma nova aventura, Coeur de Gris. Qual é a cidade mais rica do mundo ocidental? Qual é o lugar até agora imune a qualquer ação da Fraternidade e onde todos poderíamos ficar milionários?

— Mas, o senhor não pensa... o senhor não há-de achar possível tomar...

— Tomarei o Panamá e até mesmo a Taça de Ouro!

— Mas como pensa fazer isso? A cidade é fortemente defendida por muralhas e tropas, e o caminho através do istmo é quase impossível, a não ser por trilhas de burros. Como pensa fazer isso?

— Preciso tomar o Panamá! Preciso capturar a Taça de Ouro! — a mandíbula do capitão projetou-se ferozmente.

Agora, Coeur de Gris sorria com mansidão.

— Por que está você fazendo caretas? — indagou o capitão.

— Estava pensando numa observação que fiz há tempos, de que o Panamá, em breve, seguiria o caminho da cidade de Tróia.

— Ah! Tem essa mulher sem nome na cabeça. Esqueça-a. É possível até que ela nem exista.

— Mas nesse caso, senhor, parece-me que já estamos suficientemente ricos com estes despojos.

— Não seria mau tornarmo-nos ainda mais ricos. Estou fatigado de pilhagens. Gostaria de poder descansar tranquilamente.

Coeur de Gris hesitou um momento, cerrando lentamente as pálpebras.

— Estou pensando, senhor, que, quando formos ao Panamá, cada homem pulará na garganta do outro por causa da Santa Roja.

— Oh, você deve confiar em mim para manter a ordem entre os meus homens, ordem absoluta, embora tenha de enforcar metade deles para o conseguir. Daqui a certo tempo, enviarei uma mensagem ao Panamá, comunicando as minhas intenções, mas a título de brincadeira. Imagino como se hão-de fortificar! Mas também pode ser que tomem o aviso por brincadeira. Vá agora, Coeur de Gris, e não fale disso a ninguém. Você fica sendo o meu embaixador. Deixe que os homens esbanjem o seu dinheiro. Comece logo por encorajar o jogo, aqui mesmo no navio. Dê-lhes nas tavernas, um exemplo expansivo. Em breve, estarão em condições de seguir comigo. Desta vez, preciso de dispor de um exército, meu amigo, e quem sabe se teremos de morrer. Talvez, este seja o maior lance a arriscar de toda a nossa vida. Faça bem o seu trabalho, Coeur de Gris, e talvez algum dia seja mais rico do que pensa.

O jovem Coeur de Gris ficou junto ao mastro, pensativo.

— Nosso capitão, nosso grande capitão foi alcançado por esse grande e nebuloso rumor. Como é estranho, esse exemplo! Dir-se-ia que a Santa Roja me foi arrancada dos braços, que meu sonho foi violado. Praza a Deus que todos os homens, quando o souberem, não venham a imaginar a mesma coisa, e passem a odiar o capitão que lhes roubou o alvo dos seus desejos.

VI

Sir Edward Morgan comandava forças contra Santo Eustáquio, quando, em plena batalha, um índio escuro e ágil lhe enterrou uma longa faca no estômago. O Tenente-Governador apertou os lábios em linha reta e dura e contraiu-se no chão.

— Meus calções brancos ficarão estragados — pensou. — Por que havia de o diabo fazer isso, precisamente agora que tudo ia tão bem? Decerto receberia agradecimentos especiais de Sua Majestade, mas já não estarei vivo para os receber. Céus! E escolheu um lugar dolorido!

Considerava aflitivamente toda a tragédia:

— Uma faca ordinária, e no estômago! Ainda se fosse uma espada, na mão de um igual! Mas uma faca, no estômago! Devo parecer muito desonrado, com todo este sangue e esta imundície. E não me posso endireitar... Céus! O miserável escolheu o lugar mais sensível!

Seus homens conduziram-no tristemente para Port Royal.

— Era inevitável, — disse o Governador. — Caiu sobre mim com uma faca e enterrou-a no meu estômago. Nunca um tão insignificante diabo sonhou atingir alguém de maior categoria. Por quem é, senhor, comunique o fato à Coroa, e por favor não mencione a faca, nem o estômago. E, agora, poderei ficar só com minha filha? Dentro em pouco morrerei.

Elizabeth ficou ao lado dele, no quarto escuro.

— Está muito ferido, meu pai?

— Sim, estou bem mal. Não tardarei a morrer.

— Não diga tolices, meu pai. O senhor está apenas querendo afligir-me.

— Que está dizendo, Elizabeth? Você ouviu-me gracejar alguma vez? Tenho muitas coisas sobre o que falar, mas não disponho de muito tempo. Que será de você? Deixo-lhe pouco dinheiro! Vivemos dos meus honorários, desde que o Rei fez sua última sugestão para um adiantamento.

— Mas de que está falando, meu Pai? O senhor não pode morrer e deixar-me aqui sozinha, perdida nas colônias. O senhor não pode, não pode fazer isso!

— Pois, embora não possa, morrerei logo. Agora discutamos o assunto, enquanto é possível. Talvez seu primo, que adquiriu certa fama pelas suas pilhagens, possa cuidar de você, Elizabeth. Sinto-me penalizado com este pensamento, mas é necessário viver, muito necessário. Além do mais, ele é seu primo.

— Não acredito, meu pai. Simplesmente não acredito. O senhor não pode morrer!

— Você deve ficar com o Governador até encontrar seu primo. Ponha-o a par da situação, e não seja servil sem ser também muito orgulhosa. Lembre-se de que ele é seu primo, embora não passe dum salteador.

Sua pesada respiração enchia o quarto. Elizabeth começou a chorar baixinho, como uma criança que não pode dizer se está ou não magoada. Finalmente, Sir Edward continuou com esforço:

— Ouvi dizer que um cavalheiro tem o seu modo de morrer, mas eu gostaria de gemer. Robert gritaria, se tivesse vontade.Naturalmente, Robert era um original, mas nem por isso deixava de ser meu irmão. Estou certo de que gritaria, se tanto fosse necessário. Elizabeth,

126

saia um momento do quarto, por favor. Sinto muito, mas preciso gemer. Nunca fale nisso a ninguém, Elizabeth! Promete... jamais... falar nisso a ninguém?

Quando ela voltou ao quarto, sir Edward estava morto.

VII

A primavera chegara a Câmbria, ida das Índias e do quente e seco coração da África, e esta era a décima-quinta primavera que chegava desde a partida de Henry. O velho Robert gostava de divagar e acabava por acreditar que, lá dos trópicos, seu filho lhe mandava a primavera para Câmbria. A folhagem verde cobria as colinas e as árvores estavam experimentando ao vento as folhas novas e frágeis.

A face do velho Robert tornara-se mais firme. Pelas comissuras dos lábios errava-lhe menos um sorriso do que uma careta, como se o riso antigo e angustiado ali se tivesse congelado. Ah, os anos haviam decorrido solitários e infrutíferos, sem nada lhe deixarem nas mãos. Sabia agora a significação das palavras de Gwenliana — que a idade nada trazia, além duma espera impaciente e álgida, a louca expectativa de um estado que se não podia imaginar com nenhuma certeza. Talvez, estivesse aguardando o regresso de Henry, mas não tinha absolutamente a certeza de o desejar ver outra vez. Poderia ser embaraçante e quando se é velho odeiam-se os embaraços.

Durante longo tempo, pensara consigo: "Que está Henry fazendo agora? Que está vendo?" Depois o rapaz esfumara-se rapidamente em sua memória, tornara-se semelhante às figuras dos livros antigos, não exatamente real mas suficientemente real para ser recordado. E, muitas vezes, pensou nessa pessoa abstrata, seu filho, de quem lhe chegavam, a espaços, incertezas novas.

Ao despertar nessa linda manhã de primavera, disse consigo: Subirei hoje para ver Merlin. É estranho como vivem os velhos sob a crescente pressão dos anos. Agora ele já deve ter mais de cem. Seu corpo não passa de um amontoado de carnes, nada mais que a lembrança do que foi um dia. Mas William diz — e não é difícil compreender o pensamento de William — que sua voz é dourada e forte como sempre, e que ainda diz tolices tremendas que de modo algum seriam toleradas em Londres. É interessante como esse calceteiro de estradas torna a sua vida agitada como um gatinho novo, só porque passou quatro dias em Londres. Mas eu preciso de ver Merlin. Não é provável que tenha outra oportunidade para o visitar.

A vereda escarpada e cheia de pedras era-lhe um suplício, tornado mais cruel pelas lembrança das pernas fortes e flexíveis de outrora e dos pulmões resistentes como foles. Certa vez, numa arrancada pelas montanhas, deixara para trás todos os companheiros, mas agora subia um pouco, descansava numa pedra e continuava assim até o pico da montanha. Era tarde quando alcançou o Crag.

Merlin veio recebê-lo à porta, antes mesmo que ele tivesse tempo de bater. Parecia não ter mudado mais do que as harpas e as pontas de lanças penduradas nas paredes. Libertara-se do tempo como de uma roupa usada. Recebeu Robert sem surpresa, como se antes de o defrontar tivesse estado assistindo à sua vagarosa romaria.

— Há muito tempo você não sobe a montanha para ver-me, Robert, e há muito também que a não desço.

"Desço, desço" repetiam as harpas. Ele falava a linguagem das cordas e as harpas respondiam como um coro distante na alta massa das montanhas.

— Mas é um velho que agora te procura, Merlin, e o caminho é como um forte animal contra o qual tive de lutar. Você não parece ter envelhecido, nem se pode falar em morte com você. Os anos não costumam fazer essa pergunta?

— Para falar a verdade, Robert, já pensei nisso muitas vezes, mas tenho também muitas outras coisas em que pensar. Não posso escolher a ocasião para morrer. Se pudesse, não tornaria a pensar nisso. Para subir até aqui, Robert, essa furtiva esperança que os homens do vale denominam fé, torna-se duvidosa. Sem dúvida, se eu possuísse muita fé e eles entoassem indefinidamente o canto "Há um Deus sábio e bondoso, por isso continuaremos a viver após a morte", então, poderia preparar-me para a vida futura. Mas aqui, solitário, a meio caminho do céu, receio que essa morte interrompa a minha meditação. As montanhas são uma espécie de cataplasma para as dores subjetivas do homem. Entre elas, um homem sorri muito mais vezes do que clama.

— Você sabe — disse Robert, — minha mãe, a velha Gwenliana, fez uma última e curiosa profecia antes de morrer. "Esta noite o mundo acaba — disse ela — e não haverá mais terra sobre que caminhar".

— Acho que ela falou a verdade, Robert. Penso que suas últimas palavras eram verdadeiras, quaisquer que tenham sido os seus outros augúrios. Esses pensamentos corrosivos ocorrem-nos às vezes e, por isso, tenho um medo horrível de morrer. Se com a minha vida eu lhe pudesse dar uma nova vida, e nova existência aos campos, às árvores e a todo o mundo verde, seria um ato inqualificável apagá-los todos como a um desenho feito a giz. Não, não devo morrer por enquanto. Mas chega de maus presságios, Robert; não tem graça nenhuma. Você esteve muito tempo no vale dos homens, e por isso seus lábios riem mas não há alegria em seu coração. Seus lábios movem-se como os ramos dispostos sobre uma armadilha, a fim de ocultarem de Deus as suas dores. Certa vez você tentou rir com toda a alma, mas não fez concessões aos sátiros porque comprara com um pequeno divertimento o privilégio de rir à vontade dos demais. Nos últimos anos, Deus jogou comigo uma partida calculada e difícil. Momentos houve em que eu pensei que ele estivesse trapaceando.

Falou vagarosamente.

— Certa vez, joguei contra um formoso deus de pés de cabra, e essa partida foi a razão da minha vinda para cá. Mas, então, fiz o grande sacrifício e marquei-o com uma triste gargalhada. Parece-me ter ouvido há tempos, Robert, que você não andava em juízo perfeito. William parou aqui e disse-me que você estava ficando louco. Que andou você fazendo no seu roseiral?

Robert sorriu com amargura:

— Foi um desses truques de Deus. Dir-lhe-ei como aconteceu. Um dia, quando estava apanhando as folhas mortas das minhas rosas, veio-me a vontade de figurar um símbolo. Não é coisa tão fora do comum. Quantas vezes os homens ficam no alto das colinas com os braços estendidos, quantas vezes se ajoelham e se curvam em orações? Apanhava as pétalas e atirava-as ao ar, e as pétalas caíam sobre mim. Parecia-me que este ato simbolizava toda a história da minha vida. Depois, o chão coberto de pétalas brancas absorveu-me e eu esqueci o meu simbolismo. Atirei para o ar mais e mais, até que o chão ficou coberto de pétalas. Subitamente olhei e vi uma dezena de homens espreitando e rindo-se de mim. Estavam voltando da igreja. "Olhem — diziam eles — Robert perdeu o juízo! Olhem, parece uma criança atirando pétalas ao ar!" Parecia que um deus maldoso preparara essa cena.

Merlin estava sendo sacudido por uma risada silenciosa.

— Ó Robert, Robert! Por que censura o mundo quando ele se protege de você? Acho que Deus e o mundo não passam, para você, de uma só entidade. Se houvesse dez pessoas no vale que gostassem de ver pétalas pelo chão, você seria considerado uma pessoa original, interessante. Nas tardes de domingo traria pessoas a sua casa e exibi-lo-iam. Mas como não há nenhuma, você torna-se uma pessoa estranha que deve ser segregada ou enforcada. O apodo de insanidade, outra coisa não é que o enforcamento do raciocínio do homem. Se se dissesse que o seu cérebro vagueava, nada do que você pudesse dizer atingiria qualquer pessoa, a não ser como motivo de riso. Não pode compreender isso, Robert? O povo tem sido, muitas vezes, ferido, trapaceado e torturado por idéias e concepções, cujo significado não alcança, e forçado a acreditar que tudo quanto ultrapassa o seu discernimento é mau e diabólico — coisas que devem ser espezinhadas e destruídas pelo primeiro que passar. Somente assim se pode proteger dos grandes sofrimentos que lhe advém as idéias que estão fora do seu alcance.

— Sei, — respondeu Robert — sei disso e nada posso reclamar. Meu grande desgosto é verificar que de tudo o que passou me resta apenas um saco de derrotas. Sou o único senhor da lembrança das coisas que outrora possuí. Talvez seja até um bem, pois assim me parece amá-las mais, agora que não as tenho. Mas não posso compreender como essa fortuna aparece apenas a uns poucos de escolhidos. Se os ventos dizem a verdade, meu próprio filho assalta e realiza cada um dos seus desejos.

— Você tinha um filho, Robert, agora me lembro. Acho que predisse que ele dominaria um mundo, quando crescesse.

— E assim sucede. Um vento do sul, ligeiro e incerto, traz-me de vez em quando notícias suas. Essas notícias têm asas de madeira. Diz-se que ele governa uma raça de selvagens piratas, que tem capturado e saqueado cidades. Os ingleses estão entusiasmados e consideram-no um herói e um patriota — e também eu, às vezes. Mas receio que se fosse um espanhol o consideraria apenas um ladrão bem sucedido. Ouvi dizer, embora não acredite porque não quero acreditar, que ele tem torturado prisioneiros.

— Assim — considerou Merlin — ele se tornou o grande homem que desejava ser. Se isso for verdade, então, não é ainda um homem, mas um rapazinho que deseja a lua. Acho que será quase infeliz. Aqueles que falam da felicidade das crianças esquecem-se da sua infância. Robert, você já viu essas formigas negras que nascem com asas? Voam um dia ou dois, depois perdem as asas e caem no chão para rastejar o resto da vida. Penso no dia em que seu filho perder as asas. Não é estranho, Robert, que, entre os homens, esse rastejar seja reverenciado? Exatamente como as crianças quebram as asas para poderem dedicar-se a rastejar?

— Quem realiza a transformação das crianças em homens? — perguntou Robert. — Que circunstância intervém para que lhe apodreçam e caiam as asas?

— Bem, um grande número jamais teve asas, outros quebram-nas por si próprios; uns muito precipitadamente, outros com grande contrariedade. Não conheço as de todos, mas as minhas eram ridículas. Eu amava certa mocinha do vale e achava-a muito linda. Sonhava ser um belo rapagão e compus para ela uns versos denominados "A Noiva de Orfeu". Nessa época, imaginava-me um Orfeu. Ela, porém, considerava o casamento como uma espécie de crime contra a natureza. Ensinou-me que todo o homem deve alguma coisa a alguém, à sua família, à sua comunidade ou a si próprio, e que tem de fazer de si mesmo um sucesso. Não conhecia a natureza do sucesso e muito ingenuamente não via naquela canção a estrutura do sucesso. Aborrecia as deidades, principalmente as pagãs. Havia um homem, proprietário de terra e de casas, que era eminentemente humano. Mesmo nesta idade avançada acho que ele era deploravelmente humano. Por essa razão casaram-se e o ridículo caiu sobre as minhas asas. Imaginei depois assassínios, suicídios e campos de batalhas gloriosos, a fim de lutar contra esse pequenino ridículo torturante. Cheio de vergonha, pensei esconder minhas canções do mundo, de modo que ninguém veio pedir-me para regressar — e, assim, se perdeu minha esperança nos ridículos dos outros. Minhas asas afrontadas caíram: era um homem e não desejava a lua. Quando tentei cantar novamente, minha voz tornara-se rouca como a de um boiadeiro e minhas canções cheias de premeditações e intuitos.

— Não me lembro de como cresci — disse Robert.

— Talvez minha juventude tenha passado por mim ou talvez ande por essas terras com que continuo a sonhar. Mas Henry está nadando em seus sonhos e, às vezes, tenho muita inveja dele. Sabe, Merlin, há uma coisa que me parece estranha. Minha mãe Gwenliana supunha possuir a segunda visão, e nós nos divertíamos por causa da sua alegria com isso. Na noite em que Henry partiu, ela traçou um quadro da sua vida, e pouco mais ou menos todas as suas predições se realizaram. Teriam esses pensamentos atravessado a sua mente como uma série de nítidas paisagens? É estranho, esquisito!

— Talvez, ela tenha lido os desejos de Henry e sentido a sua força. Ensinei à velha Gwenliana muitas coisas relacionadas com a magia; ela tinha muita aptidão para ler os sinais e os rostos.

O velho Robert ergueu-se para espreguiçar.

— Bem, agora preciso ir. Está um tempo aborrecido para um velho descer a vereda. Quando chegar a casa, será noite. Aí vem William com a sua picareta, que parece um apêndice nascido com ele. Irei um pedaço em sua companhia e aprenderei alguma coisa sobre Londres. Você deve amar as palavras, Merlin, por arranjar tantas; eu devo amar a dor por estar sempre engendrando-a para mim mesmo. Tenho a impressão de que você é um velhaco e mistificador. Sempre que me afasto de você levo a convicção de ter ouvido coisas elevadas, embora jamais consiga reconstituí-las em meu pensamento. Acho que você mistura a sua voz com a voz das suas harpas.

E enquanto Robert descia a vereda, as harpas entoavam o "Adeus do Feiticeiro".

Capítulo IV

I

Panamá era uma grande e bela cidade em 1670, quando Henry Morgan resolveu a sua destruição, uma rica e forte cidade com toda a razão denominada a Taça de Ouro. Nenhum outro lugar do selvagem Mundo podia competir com ela em beleza e opulência.

Cerca de um século antes, Balboa chegara às praias da nova terra. Envergou uma brilhante armadura e mergulhou até as coxas nas águas brandas do Pacífico. Depois, numa oração, dirigiu-se ao mar e reclamou para a coroa de Espanha todas as terras por ele banhadas. Ordenou que as águas fossem mansas e leais, pois estavam destinadas a ser o lago particular de Aragão e de Castela.

Atrás de Balboa, na praia, erguia-se uma aldeola de índios, cujo nome era Panamá, palavra que, na linguagem nativa significava lugar de boas pescarias. Quando os soldados de Espanha incendiaram as choças de palha e em seu lugar ergueram uma nova cidade, conservaram-lhe o nome antigo de Panamá. Bem cedo, a sua significação se justificou, pois para além da pequena cidade a rede de Espanha estava estendida nas quatro direções.

As pedrarias atraíam as redes para o norte, onde envolviam as cidades da antiga raça Maya. Balboa estava habilitado por suas pescarias, a enviar para o Panamá serpentes estranhamente trabalhadas, imagens espantosas e pequenos insetos gravados, tudo de ouro. Quando não havia mais ornamentos para recolher, quando os templos não passavam de caixas de pedra vazias, então as redes de Espanha envolveram o povo, encaminhando-o, sob o chicote, para as minas.

Pizarro navegou para o sul, levando cavalos e homens armados, e a poderosa nação Inca, em breve, estava a seus pés. Todos os governantes foram mortos e a antiga estrutura governamental viu chegado o seu fim. Então, diamantes, a prata das paredes dos templos, símbolos do sol manufaturados em ouro e paramentos religiosos de ouro foram embarcados para Panamá. E Pizarro obrigou, com o azorrague, o caído povo inca a trabalhar nas minas.

Uma centena de capitães comandou pequenos bandos de soldados para oeste e sudeste, onde os ferozes índios de Darien viviam em árvores e cavernas. Aqui, os espanhóis encontraram argolas para nariz, argolas para tornozelos e penas de águias escravizadas em ouro. Tudo era posto em sacos e enviado, no lombo das mulas, para o Panamá. Quando todas as sepulturas foram esvaziadas de seus ornamentos de ouro, até os primitivos índios cavaram a terra sob o gemido dos açoites.

Os navios de Espanha descobriram ilhas no oeste, em cujas baías pouco profundas podiam ser encontradas pérolas ocultas no seio das águas. Em breve, os estupefatos habitantes das ilhas eram jogados ao mar coalhado de tubarões e os sacos de pérolas trilhavam o caminho do Panamá.

Todos os grandes trabalhos, as obras raras em matérias preciosas acabavam por vir para Panamá, onde os vasos de fundição os engoliam como glutões esfaimados, transformando-os em grossas barras de ouro. Os armazéns estavam atulhados de altas pilhas de lingotes de ouro, aguardando a partida, para Espanha, da esquadra do tesouro. Às vezes, viam-se barras de prata enfileiradas nas ruas, por falta de lugar nos armazéns, que ficavam a salvo dos ladrões por causa do seu peso.

Enquanto isso, a cidade desenvolvia-se gloriosamente. A riqueza das nações escravizadas era aplicada na construção de finas residências de telhados vermelhos, com pátios internos onde cresciam flores exóticas. Todas as variadas artes e comodidades da velha Europa voavam para o oeste, em troca das barras de ouro, a fim de embelezarem as casas espanholas da colônia.

Os primeiros espanhóis a invadirem a terra foram cruéis e ambiciosos ladrões, mas também soldados que nenhuma perspectiva de sangue podia amedrontar. Forças insignificantes distribuídas em pequenos grupos conquistaram o novo mundo com pouco mais do que coragem espiritual. Mas, quando os povos de Nicarágua, Peru e Darien foram reduzidos a gemebundos grupos de escravos, quando o perigo de qualquer rebelião desaparecera, uma casta de homens diferentes veio viver no Panamá. Eram os mercadores, grandemente decididos quando havia uma fazenda a arrancar legalmente aos seus proprietários, ou quando o preço dos víveres era aumentado pelos colonos de fora, porém medrosos e covardes quando havia perigo de choque entre dois aços.

Cedo, a classe dos mercadores dominou todo o istmo. Muitos dos soldados tinham morrido, outros descansavam em segurança ou marchavam para novas e perigosas terras, deixando a batalha dos alimentos e outras extravagâncias nas mãos dos negociantes que distruibuíam farinha e vinho, e recolhiam em troca, às suas arcas, jóias e barras de ouro. Os mercadores combinaram entre si que todos deviam cobrar, pelos alimentos, os mesmos preços altos, construindo depois, com os lucros, suas casas de cedro com telhas cor-de-rosa. Vestiam suas mulheres com sedas estrangeiras e faziam-nas acompanhar, nas ruas, por numerosos escravos.

Uma companhia genovesa de escravagistas veio para a cidade e construiu um grande armazém para as suas mercadorias. Havia fileiras de gaiolas onde encerravam os negros, até trazê-los para a luz a fim de serem examinados e negociados.

Panamá era uma cidade adorável. Duas mil casas de cedro alinhavam-se em suas ruas principais, e para além deste centro erguiam-se cinco mil residências menores para os sacerdotes, mensageiros e soldados mercenários do rei. Amontoada nos arrabaldes estavam as choças cobertas de colmo onde viviam os escravos. No centro da cidade, havia seis igrejas, dois conventos e uma imponente catedral, todos abarrotados de ouro e paramentos pesados de jóias. Pouco tempo antes, dois santos tinham vivido e morrido no Panamá, não grandes santos, por certo, mas de importância suficiente para lhes valorizar os ossos.

Todo um lado da cidade era ocupado pelas casas, estábulos e quartéis do rei. Uma décima parte de toda a produção da terra ficava ali armazenada até a próxima partida da esquadra de prata, quando através dos istmos e no lombo das mulas seria conduzida aos navios. Panamá era o apoio do reino de Espanha, sempre pronto a pagar os novos palácios e as novas guerras do rei. Por causa do dinheiro sempre presente em seu tesouro, o rei dera ao Panamá uma digna posição entre as outras cidades do reino. Chamava-se "A Muito Nobre e Muito Leal Cidade do Panamá". Ficara na categoria de cidades como Córdoba e Sevilha e seus oficiais usavam correntes de ouro ao pescoço. Além disso, o rei outorgara à cidade um resplandecente brazão de armas — um escudo com campo de ouro no canto esquerdo, e no direito duas caravelas e uma mão cheia de setas pardas. Por cima de tudo, brilhava a estrela indicadora da descoberta e circundando o campo os Leões e Castelos dos reinos gêmeos de Espanha. Na verdade, Panamá contava-se entre as maiores cidades do mundo.

O centro da Taça de Ouro era uma larga e pavimentada Plaza, no meio da qual se erguia um coreto onde às tardes se ouvia música. As pessoas vagueavam por ali, ressaltando a sua posição conforme aqueles a quem falavam. A aristocracia mercantil era muito ciosa da sua pompa. Um homem podia indagar, durante o dia, o preço da farinha como se fosse um judeu, mas à tarde, na Plaza, inclinava-se para os seus conhecidos mais pobres e adulava sorrateiramente os mais ricos.

A estabilidade das suas posições tornara-os delicados. A cidade era considerada inexpugnável: o mar protegia-a de um lado e não havia navios estranhos nas águas do sul. Do lado da terra, erguiam-se as muralhas e para além delas um grande pântano que podia ser inundado em caso de perigo, fazendo da cidade uma verdadeira ilha. Argumentava-se, também, que um ataque armado devia abrir caminho através das matas do istmo para se aproximar eficientemente, e teria de desencadear-se através de estreitas passagens facilmente defensáveis por pequenos grupos de homens. Mas ninguém considerava essa possibilidade, pois nenhum comandante, em sã consciência, poderia sonhar com a conquista do Panamá. Assim, quando Campeche, Puerto Bello e Maracaibo se renderam aos bucaneiros, os mercadores da Taça de Ouro encolheram os ombros e continuaram a tratar dos seus negócios. Naturalmente era uma infelicidade que seus próprios compatriotas tivessem de ser assim tratados e roubados. Mas como poderia evitar-se? Suas cidades estavam à beira do mar! Panamá nunca precisaria preocupar-se com esses tumultos, a não ser pela piedade. Deus era bom — e os negócios bem estranhos. Os antigos fazendeiros eram enforcados por causa dos seus bens, como se fossem ladrões.

Dom Juan Perez de Guzmán, Governador do Panamá, era um nobre tranquilo, cujas preocupações consistiam em ser um completo cavalheiro e nada mais. Mantinha a disciplina em seu pequeno exército, trocava constantemente de uniformes e presidia cuidadosamente aos enlaces dos seus parentes. Durante toda a sua vida fora um soldado — não um bom soldado em campanha mas um oficial extremamente galante. As proclamações que escrevia para os seus subordinados eram brilhantíssimas e seus planos para a rendição de uma cidade índia estavam acima de qualquer crítica. O povo amava o seu Governador, que se vestia bem, e era orgulhoso embora condescendente. Aplaudia-o todos os dias, quando o via descer ruidosamente as ruas com um esquadrão de cavalaria atrás. Se houvesse qualquer perspectiva de ataque, certamente a galante figura de Don Juan acalmaria o povo. Seu sangue era o mais nobre e seus armazéns os mais ricos da cidade.

A vida decorria feliz no Panamá. Ía-se para os verdes campos quando chegavam os dias quentes e retornava-se aos bailes e recepções da cidade durante a estação chuvosa. Assim, era a Taça de Ouro quando Henry Morgan resolveu a sua destruição.

Certo dia, chegaram ao Panamá notícias de que o terrível Morgan tencionava conquistá-la. A princípio, houve uma alegre incredulidade, mas, quando outros mensageiros chegaram confirmando as desagradáveis notícias, a cidade animou-se de uma frenética atividade. O povo correu para as igrejas, confessou-se, beijou as relíquias e voltou para casa correndo. Centenas de padres marcharam em procissão carregando a hóstia pelas ruas. A irmandade dos negros exibia uma crença arrebatada, arrastando a pesada cruz de madeira para que todos a vissem. As muralhas claudicantes não foram consertadas; os canhões enferrujados não foram substituídos. Don Juan ouvia missa, tranquilizou o povo alarmado e sugeriu uma procissão de todos os padres da cidade.

Começavam a circular histórias horripilantes: os bucaneiros não eram homens e sim animais com cabeça de crocodilo e garras de leão. Homens sérios discutiam pelas ruas essas possibilidades.

— As bênçãos do dia, Dom Pedro.

— As bênçãos da Virgem, Dom Guilherme.

— Que pensa dos salteadores?

— Horrível, Don Guilherme, horrível! Dizem que são demônios.

— Mas acha que será possível, como eu ouvi, que Morgan tenha três braços e maneje espadas com todos eles?

— Quem o pode dizer, meu amigo? O demônio, decerto, tem poderes superiores a esse. Quem pode saber até onde vai o poder do demônio? Será pecado dizer isso?

E pouco depois:

— Mas ouviu isso de Don Guilherme? Naturalmente ele não diria uma coisa duvidosa. Um homem da sua posição!

— Estou apenas repetindo o que ele disse. Que Morgan pode atirar balas com todos os dedos, e expele de si chamas sulfurosas. Dom Guilherme tinha certeza do que dizia.

— Preciso contar isso à minha esposa, Dom Pedro.

Assim cresciam os boatos, até que o povo ficou alucinado. Histórias de crueldade sucedidas em outras cidades capturadas voltaram à baila, e os mercadores, que antes encolhiam os ombros, empalideciam diante dessas lembranças. Podiam não acreditar, mas o fato é que os piratas já estavam a caminho de hagres e seu objetivo era a conquista e a pilhagem da Taça de Ouro. Por fim, sob a pressão dos acontecimentos, Dom Juan afastou-se da igreja, o tempo suficiente para enviar quinhentos soldados a uma emboscada no caminho que atravessava o istmo. Um moço oficial solicitou uma audiência.

— Então, jovem, que deseja? — principiou o Governador.

— Se tivéssemos touros, senhor, se tivéssemos grande número de touros bravios!... — exclamou excitadamente o oficial.

— Consiga-os! Percorra o país todo para conseguir touros! Faça com que sejam arrebanhados uns mil. Mas que faremos com eles?

— Pois, senhor, soltemo-los contra o inimigo!

— Maravilhoso! Eis o plano de um oficial de gênio! Ah, meu caro amigo, um milhar de touros! Um milhar? Que digo eu? Reúnam dez mil touros, dos mais selvagens!

O Governador mandou formar seus soldados, dois mil soldados das tropas do Rei, passou-os em revista e voltou a ajoelhar-se na Catedral. Dom Juan não tinha medo de lutar, mas, como general prudente, estava fortalecendo a sua segunda linha. Além disso, pagaria qualquer coisa que custasse tanto como as missas, pois evidentemente necessitava obter algum efeito.

O primeiro rumor que surgiu causou pela cidade os efeitos devastadores de um monstro desarvorado. Cidadãos amedrontados passaram a enterrar as pratas, os sacerdotes, à cautela, atiravam para as cisternas cálices e candelabros, emparedando as mais preciosas relíquias em passagens subterrâneas.

Balboa, se ali estivesse, teria reforçado as muralhas e inundado os pântanos próximos. O exército de Pizarro já estaria a meio caminho do istmo, para ir ao encontro dos bucaneiros que se aproximavam. Mas os tempos gloriosos tinham passado! Os mercadores cuidavam apenas de suas riquezas, suas vidas e suas almas — da ordem estabelecida. Jamais pensariam em armar-se de espadas ou reconstruir as muralhas derruídas. Isso competia aos soldados do Rei, que recebiam bom dinheiro para proteger os cidadãos. Ao Governador é que cumpria cuidar da defesa.

Dom Juan passara em revista as suas tropas e, no seu entender, esse era o dever de um general. Os uniformes estavam acima da crítica e soldados teriam desfilado com garbo em qualquer campo de paradas da Europa. Enquanto isso, outra missa não deixaria de vir a propósito.

II

Entretanto, os bucaneiros estavam esbanjando o produto da saqueada Maracaibo e Henry Morgan mergulhou profundamente nos planos da sua nova conquista. Precisaria reunir a maior quantidade de combatentes até aí concentrada, e seus mensageiros partiram para os quatro cantos do mundo Espanhol. Suas palavras tomaram os caminhos de Plymouth e New Amsterdan, e até às ilhas arborizadas onde os homens viviam como abelhas chegou o convite para a grande pilhagem.

"Todo homem será rico se vencermos — dizia a mensagem. — Este será o mais poderoso golpe até hoje desfechado pela Fraternidade Livre. Levaremos o terror ao mais recôndito coração de Espanha! Nossa esquadra reunir-se-á ao lado sul de Tortuga, em outubro".

Em breve, navios e homens começaram a afluir para o local da concentração; enormes veleiros novos, de velas brancas e proas esculpidas, navios eriçados de canhões de bronze, velhos cascos deteriorados, com a parte inferior tão suja de algas que se moviam na água como barquilhas. Chegaram chalupas, grandes canoas e navios chatos, abrindo dificultosamente o caminho através das águas como se estivessem sendo empurrados. Até jangadas singravam para o ponto de encontro, levadas por velas trançadas com folhas de palma.

Os homens constituíam toda a violenta Fraternidade de Tortuga; velhos e experimentados piratas de Goaves, franceses, holandeses, ingleses e portugueses, todos os desprezados batalhadores do mundo. Canoas apinhadas de escravos fugidos dos remeiros espanhóis, dirigiam-se para a expedição movidos pela sede de sangue dos seus antigos senhores, caraíbas, negros e brancos pesteados. Pequenos grupos de caçadores surgiam nas praias das ilhotas cheias de matas e tomavam os navios para o lado sul de Tortuga.

Entre os navios grandes, contavam-se altas fragatas e galeões capturados em antigos combates, e quando soou a hora da partida, o capitão Morgan dispunha de trinta e sete navios e dois mil combatentes, fora marinheiros e rapazes. Três ligeiras e brancas chalupas da Nova Inglaterra tinham vindo para negociar, conduzindo pólvora para o saque e wiskey para o ouro. Pólvora e wiskey eram as duas grandes armas ofensivas. Além do mais, os homens de Plymouth comprariam os navios velhos e inutilizados, por causa do ferro e da cordoalha que continham.

O capitão Morgan mandou caçadores para as matas abater gado e navios para terra firme roubar grãos. Quando todos voltaram, havia mantimentos suficientes para uma viagem.

Ninguém, a não ser Coeur de Gris e Henry Morgan, entre toda essa multidão poliglota que atendera ao brado da conquista, sabia onde ia ser realizado o ataque. Ninguém imaginava para onde navegariam e com quem lutariam no fim da viagem. O exército de valentes ladrões tinha-se reunido à sombra do nome de Morgan, avidamente confiante em sua promessa de saque ilimitado.

Henry Morgan ainda não ousara declarar seu destino. Embora seu nome fosse poderoso, os bucaneiros teriam recuado diante de tão formidável objetivo. Se lhes dessem tempo para pensar no Panamá, teriam fugido amedrontados para casa, pois a fama do poder e das defesas da Taça de Ouro circulara por todas as ilhas havia mais de um século. Panamá era uma cidade misteriosa, um lugar meio irreal, armada de relâmpagos. Havia quem acreditasse serem as suas ruas pavimentadas com pedrinhas de ouro, e que as janelas de certa igreja eram entalhadas numa só esmeralda. Essas lendas teriam, sem dúvida, o poder de os impelir, contanto que não tivessem tempo para pensar muito nos riscos.

Quando os navios tinham sido calafetados e raspados, as velas consertadas, os canhões polidos e experimentados e os porões atulhados de mantimentos, Henry Morgan convocou uma reunião dos comandantes para propor a assinatura do juramento solene e a divisão da esquadra em comandos.

No camarote de carvalho do almirante, reuniram-se trinta capitães que tinham trazido navios para a empresa. A fragata do capitão Morgan era um excelente barco de guerra espanhol que, antes de cair nas mãos dos piratas, fora comandado por um duque. O camarote assemelhava-se a um grande salão forrado de carvalho escuro, cujas paredes subiam airosamente. O teto era atravessado por pesadas vigas esculpidas, onde se enroscava a delicada folhagem das vides. Uma das paredes ostentara antes as armas de Espanha, depois desbastadas e raspadas por uma adaga até quase desaparecerem.

O capitão sentara-se por trás de uma vasta mesa, cujas pernas eram leões esculpidos, e à sua volta, sentados em tamboretes, estavam os trinta comandantes da sua esquadra e do seu exército. Todos aguardavam, impacientes, a sua palavra.

Lá estava o baixo e sério capitão Sawkins, cujos olhos ardiam no fervor do Puritanismo. Justificava seus assassínios com as Escrituras, e dava ações de graças em forma de salvas de canhão, após cada pilhagem bem sucedida.

Via-se também o escuro Grippo, agora um velho vergado ao peso de infâmias insignificantes. Viera também para obedecer ao seu Deus, como se este fosse um ingênuo policial a quem se pudesse enganar. Estava convencido de poder salvar-se dos seus pecados mediante uma confissão geral e o retorno à religião de sua mãe, — o que pretendia fazer após uma última expedição que lhe propiciasse um candelabro de ouro a ser oferecido ao padre confessor, como prova do seu desejo de paz.

145

Holbert, Tegna, Sullivan e Meyther estavam também sentados ao pé do capitão Morgan. Num canto escuro, havia ainda dois homens que a Fraternidade sabia inseparáveis. Eram chamados simplesmente "O Borgonhês" e "O Outro Borgonhês". O primeiro era baixo e gordo, com uma face vermelha de sol no ocaso, nervoso e excitável. À menor atenção que percebesse despertar, ficava curiosamente embaraçado. Quando falava, a face tornava-se-lhe mais vermelha, e dava a impressão de um percevejo procurando freneticamente uma tábua para se esconder. Seu companheiro, o Outro Borgonhês, era seu defensor e guia, mais alto e melhor constituído, embora tivesse o braço esquerdo decepado até o cotovelo. Eram vistos toda a hora, passeando juntos e sentando-se juntos. Raramente falavam, mas sempre o braço são do Outro Borgonhês descansava sobre os ombros de seu amigo gordo, num gesto de proteção.

O capitão Morgan falou em voz áspera e fria e um silêncio profundo se fez enquanto ele lia os artigos do juramento. Os que trouxessem um navio receberiam tal e tal renda. Um carpinteiro, com seus instrumentos devia receber tanto. Determinada soma devia ser posta de lado para os parentes dos mortos. Enumerou, depois, as recompensas que caberiam ao homem que primeiro avistasse um inimigo, ao primeiro a matar um espanhol, ao primeiro a entrar na cidade. Terminaram os artigos.

— Agora assinem! — ordenou o capitão Morgan, e os homens inclinaram-se na mesa e firmaram o papel com seus nomes ou marcas.

Quando todos se sentaram novamente, Sawkins falou:

— As recompensas são quatro vezes maiores do que é costume. Por que isso?

A experiência de Sawkins tornara-o aborrecidamente agressivo.

— Os homens precisarão de bravura — disse Morgan calmamente; — precisarão de muito ânimo porque vamos para o Panamá.

146

— Panamá! — Mais do que uma exclamação, foi um gemido que lhe respondeu.

— Sim, Panamá. Vocês assinaram os artigos e eu costumo enforcar os desertores. Observem a disposição de seus homens. Vocês conhecem alguma coisa da opulência do Panamá, o bastante para lhes aguçar os apetites, e eu conheço suficientemente os perigos para ter a certeza de que são superáveis.

— Mas Panamá... — tornou Sawkins.

— Os desertores serão enforcados — repetiu o capitão Morgan, retirando-se do camarote.

Coeur de Gris ficou para ouvir e informar seu chefe das disposições dos comandantes.

Houve um grande silêncio. Cada qual estava rememorando o que ouvira sobre o Panamá.

— É perigoso — disse Sawkins por fim, — perigoso mas absurdamente rico. E o capitão jurou conhecer a planta da cidade e todos os perigos da luta.

Estas palavras trouxeram uma súbita segurança. Se o capitão conhecia, então não precisavam temer. Morgan era infalível. O aposento encheu-se de conversas rápidas e nervosas.

— Dinheiro? caminham por cima dele. Ouvi dizer que a catedral...

— Mas a mata é intransponível!

— Há ótimo vinho no Panamá. Provei um que veio de lá.

E todos a um tempo pareceram pensar na Santa Vermelha.

— Mas aquela mulher está lá, "La Santa Roja"!

— É verdade, ela está lá. Mas quem ficará com ela?

— O capitão não, que não é homem dado a mulheres. Acho que será Coeur de Gris, o mais favorecido de todos nós.

— Pois Coeur de Gris ficará sujeito a morrer apunhalado por algum amante enciumado. Eu não pensa-

147

rei em matá-lo, porque sei que, se não o fizer, algum outro o fará. De resto, pode ser que seja com o meu punhal.

— Que faria você com uma mulher daquelas? Uma ponta de corda seria o fim, suponho.

— Bem, para falar com franqueza, sempre achei esses chatos dobrões o mais perfeito instrumento de rapto. Brilham tanto!

— Não, não. Mas veja bem: em breve, todas as mulheres tornarão a comprar diamantes com os proventos da sua virtude. Quando se tem a segunda, é muito fácil adquirir os primeiros.

— E que diz a isso o velho maneta, o Outro Borgonhês? Conseguirá a Santa Roja para o seu amigo gordo que ali está?

O Outro Borgonhês inclinou-se.

— Não haveria necessidade — disse ele. — Meu amigo é muito capaz disso. Poderia contar-lhes... — virou-se para o Borgonhês — Tenho o seu consentimento, Emil?

O Borgonhês parecia ansioso por atravessar a parede mas fez com a cabeça um sinal afirmativo.

— Então, cavalheiros, contar-lhes-ei uma história — principiou o Outro Borgonhês. — Havia uma vez, na Borgonha, quatro amigos: três que extraíam um amargo leite das tetas da arte e um que tinha posses. Havia também uma adorável moça, bela, perfeita, uma verdadeira Circe, a mais linda da região. Todos os quatro amigos se apaixonaram por essa doce perfeição. Cada um presenteou-a com o que tinha de mais caro. O primeiro vasou sua alma num soneto, depositando-o aos pés da beldade. O segundo compôs para violino ternas melodias com o seu nome e o terceiro passou para a tela a rósea imagem da sua face. Embora cada um de nós, artistas, lhe fizéssemos proposta, mantínhamos, entre todos, inalterada a nossa amizade. Mas o último dos quatro era um verdadeiro artista, calado mas sutil. Que ator! Venceu-a com um gesto soberbo ao abrir a mão: na concha da palma repousava uma ridente pérola rosada. Casaram-se. Após o casamento, Delfine evidenciou maiores virtudes do que era lícito supor. Não era apenas o modelo das esposas perfeitas mas também uma senhora discreta e delicada, e isso não somente para um mas para todos os três amigos do marido. E Emil, o marido, de nada desconfiava. Por quê? Porque, embora fossem amigos verdadeiros, eram pobres. Mas onde encontrar uma força tão cega e estúpida como a Opinião Pública? Nessa ocasião, duas mortes e um banimento foram causados por ela. Imaginem o que fez essa hidra, a Opinião Pública: forçou Emil a desafiar seus três amigos. Tudo poderia ter terminado em beijos e abraços — "Minha honra está novamente satisfeita, querido amigo!" — se Emil não tivesse o hábito deplorável de guardar a ponta do florete em carnes deterioráveis. Dois homens morreram e eu perdi o meu braço. Mas a Opinião Pública voltou novamente a campo com uma violência de touro. E tendo forçado o duelo, obrigou o vencedor a abandonar a França. Aqui está ele a meu lado, Emil, amante, espadachim, artista e proprietário. Por causa da Opinião Pública! Afastei-me do conto por causa do meu ódio contra essa força, mas o que desejava dizer-lhes é que Emil não morre de caretas. Sei que quem olha para ele tem a impressão de que um bando de formigas se está banqueteando em seu espírito, mas deixem que a verdadeira beleza surja à sua frente, deixem que a Santa Roja se reflita em seus olhos, e verão e recordar-se-ão do que eu disse. Ele é calado, sutil, um artista. Onde um outro grita "Virilidade! Força! Rapto!", Emil leva simplesmente uma pérola rosada no bolso, como um afrodisíaco.

III

Um exército de chatas flutuava pelo rio Chagres, cada qual no extremo limite da sua flutuação, levando os homens da Fraternidade Livre. Havia franceses usando largas calças e barretes listrados, franceses que um dia haviam partido de Saint Malo ou de Calais, e agora não tinham pátria para onde voltar. Alguns dos escaleres conduziam Cockneys, a maior parte homens sujos, de negros dentes e um repugnante aspecto de ladrões. Havia silenciosos Zeerovers, da Holanda, estupidamente sentados e acompanhando com o pesado olhar de glutões o curso do Chagres.

Os vastos escaleres quadrados eram manobrados por caraíbas e cimarones, homens ferozes e alegres cujo amor pela guerra era tão forte que podiam ser persuadidos a vergar os ombros ao trabalho contanto que a recompensa fosse sangue. Uma parte do bando de piratas era composta de negros recentemente fugidos dos espanhóis, usando cartucheiras vermelhas que se cruzavam, como longas feridas, em seus bustos nus. O comandante, um negro de cara feroz como a de um búfalo, trazia apenas um largo cinturão amarelo e um chapéu de cavalheiro, cuja macia pena ondulava e se enroscava sob a sua barba luzidia.

Os barcos, em longa fila, iam vencendo a corrente. Os ingleses berravam cantos dissonantes, balançando os corpos para fixar o ritmo; os franceses cantavam suavemente os seus passados amores e os cimarones e negros tagarelavam monólogos sem fim, a ninguém dirigidos em particular.

O Chagres retorcia-se à frente, em curvas complicadas que assumiam a configuração de patas de cavalo. A água amarela, como uma mulher assustada e leprosa, afagava os cascos. No Chagres, podia-se manobrar o barco o dia todo e à noite armar acampamento a meia milha, em linha reta, do local da partida. Era um rio preguiçoso e apático, com muitos bancos de areia brilhante que reverberava ao sol, um diletante no eterno e incompreendido mistério dos rios, arrastando-se para o oceano com a maior confusão e esforço possíveis. Sonhava com o país, parecendo relutante em perder a sua preguiçosa individualidade no tormentoso oceano.

Após certo tempo, os barcos dirigiam-se a um ponto onde a mata espessa rolava para a margem do rio e se detinha numa crista curva, à maneira de uma grande onda verde congelada. Tigres malhados passeavam por entre as árvores, observando os homens com triste curiosidade. De vez em quando, uma grande serpente escorregava do morno pedaço de pau onde se estivera aquecendo ao sol e flutuava na água, erguendo a cabeça para contemplar essa procissão desconhecida. Bandos de macacos excitados saltavam de uma árvore para outra, demonstrando o seu desgosto por aquela perturbação, e atirando para os barcos, com gritos indignados, folhas e ramos de árvore. Mil e quatrocentos seres estranhos haviam invadido aquela mata, de modo que o mais sarnoso macaco tinha, afinal, seu direito de protesto.

O calor do dia tornara-se como um sopro de febre, pesado e extraordinariamente alto. As canções dos escaleres cresceram e morreram como se espessos cobertores tivessem sido atirados sobre os homens. Os bucaneiros mantinham-se inertes, nos bancos, mas os índios entesados manobravam com firmes e vibrantes movimentos. Os músculos inchavam em seus braços fortes, estirando-se e encolhendo-se para os ombros como serpentes incansáveis. Em seus cérebros havia um delírio de matança, um delicioso sonho de sangue. "Para a frente!" — diziam os cérebros — "Para a frente! Para a frente! Upa! Panamá! As savanas de sangue estão a dois passos". A longa fila de barcos movimentava-se rio acima como uma enorme serpente lodosa.

O longo dia ardente descaía e nenhum ser humano fora avistado nas margens. Coisa muito séria porque não havia, por falta de lugar, alimentos nos escaleres. Cada polegada era necessária para homens e armamentos e a água lavava os conveses baixos das balsas da artilharia. Era sabido que muitas plantações beiravam o rio, onde um exército poderia acampar, e este conhecimento fizera com que os piratas se dirigissem para o Panamá sem conduzir alimentos. Durante todo o dia, procuravam as plantações e nada viram além da emaranhada floresta verde.

À tarde, o primeiro barco defrontou um acampamento de lenheiros. Uma lânguida espiral de fumaça erguia-se por trás de uma fileira de grandes árvores, e em altos brados de alegria, os bucaneiros saltaram de seus barcos e correram para terra. Maldição e desespero: os barracões estavam incendiados e desertos e a fumacinha emergia do negro montão de ruínas do que fora um celeiro onde não restava um só grão. Havia nítidos vestígios na direção da mata verde, indicando o caminho pelo qual fora conduzido o gado, mas as pegadas já tinham dois dias.

Os homens famintos regressaram aos barcos. Estavam com fome, mas a fome era uma parte da guerra, uma situação que devia ser prevista e suportada. Amanhã, certamente, alcançariam casas com vinhos armazenados, frios e deliciosos, currais onde gordas vacas se moveriam lerdamente, à espera de serem abatidas. Um bucaneiro, um verdadeiro bucaneiro trocaria sua vida por um copo de vinho picante ou dois dedos de conversa com uma dessas mulheres escuras, meio espanholas. Estas eram as alegrias da vida, e o bom seria que o homem fosse apunhalado antes de terminar a sua bebida

152

ou a sua conversa. Mas a fome... Bem, naturalmente no dia seguinte haveria alimentos.

O sol ergueu-se novamente, como uma úlcera branca e febril no firmamento. Havia o rio de delirantes curvas, e pelas margens, fazendas abandonadas, mas alimento nenhum. As notícias da invasão haviam corrido à frente como uma terrível mensagem de pestilência. Nenhum homem ou animal ficara para receber os bucaneiros.

No terceiro dia, encontraram escondida uma grande quantidade de couros verdes de vaca e bateram-nos sobre as pedras para amolecê-los de modo a serem comidos. Alguns homens já tinham devorado parte dos seus cinturões. Encontraram também um pouco de milho num celeiro ainda em fogo, e muitos piratas morreram na agonia de devorá-lo.

Batiam as matas, procurando entre as árvores, alguma coisa viva que pudesse ser comida. Até os gatos e macacos pareciam ter-se aliado à Espanha, pois as matas estavam agora silenciosas e despovoadas. Nenhum ser vivo fora deixado a não ser os insetos voadores. De vez em quando, uma cobra era apanhada e assada, e seu captor, de cara sombria, protegia ardorosamente o seu jantar. Também alguns ratos caíram nas mãos dos piratas.

Ao fim de quatro dias de viagem, o rio ficou demasiado raso para os barcos. Os canhões foram levados para terra a fim de serem arrastados pelos homens através de um estreito caminho. Os bucaneiros movimentavam-se em coluna irregular, enquanto um enxame de índios, sacando energias dos próprios sonhos sanguinários, ia à frente, cortando os cipós, abrindo passagem através da mata com o auxílio das suas pesadas facas. Grupos de espanhóis fugitivos foram avistados e, de vez em quando, alguns índios inimigos emergiam das matas como bandos de assustadas codornizes, mas nunca se detinham o bastante para oferecer combate. Uma vez, ao lado da vereda, foi descoberta uma emboscada: uma parte de terra e restos de muitas figueiras. Estava deserta. O terror dominara os soldados enviados para combater e obriga-ra-os a fugir.

Agora, os homens íam-se arrastando cada vez mais perto do Panamá. Seu entusiasmo pela conquista desaparecera. Responsabilizavam e amaldiçoavam o comandante por não ter trazido alimentos e unicamente a força e o exemplo de Morgan os íam conduzindo para diante.

Desde o princípio, assumira o comando, mas agora, à frente daquela tropa exausta, o próprio Henry Morgan começava a duvidar se realmente desejava ir ao Panamá. Tentava recordar a força que o impelira para esse caminho, o magnetismo de uma beleza desconhecida. "La Santa Roja" desaparecera de sua imaginação à maneira que a sua fome crescia. Não podia reconstituir claramente o seu desejo, mas mesmo que este o abandonasse de todo precisava ir para frente. Um fracasso, um momento de indecisão, dispersaria todos os seus sucessos como um revoada de pombos.

Coeur de Gris estava a seu lado, como estivera desde o princípio, agora um feroz Coeur de Gris que se movia com um certo cansaço. O capitão Morgan olhou para o seu tenente com piedade e orgulho. Viu-lhe os olhos de cristal profundos e neles uma luz selvagem. Sentiu-se menos solitário com o jovem a seu lado. Sabia que Coeur de Gris se tornara uma parte de si mesmo.

Os raios do sol caíam do céu como uma chuva de fogo. Batiam no chão e o calor erguia-se vagarosamente, espalhando um odor nauseabundo e úmido de folhas e raízes apodrecidas. Num dado momento, tonto de insolação, Coeur de Gris ajoelhou mas logo se reergueu e continuou. Henry Morgan notou-lhe o andar vacilante e indeciso, olhou o caminho à frente.

— Talvez devêssemos descansar aqui — disse ele. — Os homens estão exaustos.

— Não, não. Temos de continuar — replicou Coeur de Gris. — Se pararmos agora, os homens ainda se sentirão mais fracos quando recomeçarmos a andar.

Henry Morgan continuou pensativamente:

— Parece-me adivinhar porque é que você está tão interessado na minha missão. Você que ir para diante quando começo a duvidar de mim próprio. Que espera encontrar no Panamá, Coeur de Gris?

— Não espero encontrar coisa alguma — respondeu o moço. — O senhor está tentando apanhar-me numa confissão de deslealdade? Sei, antes da chegada, que a presa é sua. Já o admiti. Mas sou como uma pedra grande e redonda posta a rolar pela colina abaixo. Tenho muitas razões para ir ao Panamá. O senhor me pôs em movimento.

— É extraordinário este meu grande desejo do Panamá!

A face irada e enrubescida do tenente voltou-se para Morgan:

— O senhor não deseja o Panamá. O que deseja é a mulher, não o Panamá.

A voz tornara-se-lhe tão amarga como as palavras e apertava as têmporas com as mãos.

— É verdade — murmurou o capitão. — É verdade que desejo a mulher; mas isso é ainda mais extraordinário.

— Extraordinário? — Coeur de Gris manifestava um feroz ressentimento. — Extraordinário? Não acho nada extraordinário desejar uma mulher sabidamente bela. Considerará extraordinário cada um desses homens, ou achará extraordinário tudo o que neste mundo é macho? Estará por acaso possuído de algum desejo divino? Possui o corpo de um Titã? Extraordinário! Sim, com certeza, meu capitão; a cópula e as suas considerações são coisas absolutamente extraordinárias entre os homens.

Henry Morgan estava transportado mas também nele havia terror. Parecia ter testemunhado a passagem de um fantasma odioso e incrível. Sentir-se-iam esses homens como ele?

— Mas suponho haver alguma coisa mais do que simples desejo — disse ele. — Você não pode compreender meus sentimentos. É como se eu me empenhasse por obter uma paz nunca sonhada. Essa mulher é o ponto final de todas as minhas viagens. Não penso nela como numa fêmea com braços e seios, mas como num oásis de paz depois do tumulto, como num perfume após o fedor de azedas fezes. Sim, é estranho para mim. Quando penso nos anos que passaram, fico espantado com a minha atividade. Ia ao encontro de enormes aborrecimentos para obter douradas lantejoulas. Não conhecia o segredo que faz da terra um grande camaleão. Minhas pequenas guerras parecem as conquistas de uma pessoa estranha, alguém que não conhecia a maneira de fazer o mundo mudar de cor. Lamentava-me, nos velhos tempos, quando os desejos morriam vencidos em meus braços. É de espantar que estejam todos mortos? Não, eu não conhecia o segredo, e você não pode compreender os meus ímpetos.

Coeur de Gris apertava com as mãos a cabeça em fogo.

Não compreendo! Não compreendo! — exclamou desdenhosamente. — Acha que não compreendo? Bem sei: para o senhor todos os seus sentimentos são coisas novas, descobertas de importância capital. Suas desilusões não têm precedentes. Esse gigantesco conceito de si próprio não lhe permitirá acreditar que o cockney que está atrás de si, sim, esse que às vezes rola no chão tomado de acessos, pode ter os mesmos anseios e desesperos que o senhor. Não poderá acreditar que estes homens tenham a mesma intensidade de sentimento, e acho que espantaria os seus mais disparatados pensamentos se lhe dissesse que desejo essa mulher tanto quanto o senhor, ou que talvez pudesse dizer à Santa Roja frases mais amáveis do que as suas.

156

O capitão Morgan enrubesceu àquela chicotada de palavras. Não podia acreditar. Era inadmissível pensar que esses homens possuíssem sentimentos iguais aos seus. Uma tal admissão fê-lo sentir-se desprezível.

— Ficou surpreendido com as coisas que lhe disse? — continuou Coeur de Gris — Pois ainda tenho mais para dizer. A dor enlouqueceu-me e vou morrer.

Deu alguns passos silenciosos, gritou e caiu pesadamente no chão.

Durante um minuto completo, o capitão Morgan esteve olhando para ele e, então, uma grande e crespa onda pareceu arrebatar-lhe contra o peito. Naquele minuto, compreendera quanto apreciava esse rapaz, percebeu que não podia suportar a idéia de perder Coeur de Gris. Ajoelhou-se, então, ao pé da figura silenciosa.

— Água! — gritou para o bucaneiro mais próximo. E quando o homem olhava estupidamente para ele, berrou: — Água! Traga água! Depressa!

A mão apertava-lhe histericamente a pistola do cinturão. Todos os piratas viram seu frio capitão ajoelhar-se e alisar os cabelos empastados e brilhantes de Coeur de Gis.

Os olhos do rapaz abriram-se lentamente. Tentou levantar-se.

— Lamento muito, senhor! Foi uma dor de cabeça. O senhor sabe... o calor perturbou-me a razão. Mas precisa levantar-se. Os homens perder-lhe-ão o respeito se o virem ajoelhado aqui.

— Deite-se mais um pouco, rapaz. Deite-se e fique quieto. Você ainda não pode mexer-se. Pensei que você tivesse morrido e não vi mais nada na minha frente. Fique quieto. Agora estou mais satisfeito. Você não deve mexer-se. Tomaremos juntos a Taça de Ouro. Será uma ânfora de duas asas.

Levantou Coeur de Gris e carregou-o para a sombra de uma árvore enorme. Os bucaneiros descansavam no chão enquanto o seu segundo comandante recobrava as forças.

Coeur de Gris apoiava as costas na árvore e sorria para o capitão com estranha afeição feminina.

— Então, sou como o cokney, o cockney que sofre acessos?

Coeur de Gris sorriu levemente.

— O senhor nada sabe sobre esse homem e ficaria orgulhoso de parecer-se com ele. Contar-lhe-ei, porque sei que, para o senhor, ele não passa de um boneco de madeira destinado a receber ordens. Seu nome é Jones e durante toda a vida desejou ser um pregador do Evangelho. Pensava que seus acessos eram visitas do Espírito Santo que o estava experimentando para qualquer missão divina. Certa vez parou numa esquina e falou ao povo de Londres, veio a guarda, e a lei considerou-o um vagabundo, embarcando-o para as ilhas. Esse Jones, depois de terminado o cativeiro, fez-se pirata para não morrer de fome. No espólio de uma pilhagem, coube-lhe em parte uma escrava,uma espanhola de sangue negro. Casou-se com ela para lhe salvar a reputação. Não sabia quão pouco lhe restava para salvar. Imagine o senhor! Sua esposa é católica e não lhe permite ler a Bíblia quando ele está em casa. E sabe mais? Ele está realmente convencido de que esta queda para o roubo o privou de um grande sucesso; não um sucesso como eu e o senhor compreendemos, mas o sucesso que constitui uma especial deferência de Deus. Acha que podia ter sido o Savonarola protestante.

— Mas os seus acessos? — interrompeu Henry Morgan — Eu vi esses horríveis acessos.

O rapaz tornou a rir.

— Você acha que ele os sente?

— Sim, talvez. Não se esqueça: casou para salvar o nome dela e a manter junto de si quando soube o seu nome. O senhor ainda o verá pedir timidamente um crucifixo quando for da divisão do espólio. Levará para ela um crucifixo do Panamá. E olhe que ele é um dissidente da igreja. Detesta crucifixos!

IV

Os bucaneiros continuaram para frente, para o Panamá. Devoravam couros e amargas raízes das matas, ratos, cobras e macacos. Suas faces pareciam fundas taças cavadas nos ossos, e nos olhos brilhava-lhes a febre. Agora que haviam perdido todo o entusiasmo, eram arrastados para frente pelo sentimento de infalibilidade do seu capitão Morgan. Ele não podia falhar porque nunca havia falhado.

O capitão dispunha, com certeza, de um plano que lhes encheria os bolsos com o ouro do Novo Mundo. E a palavra ouro, embora tivesse perdido um pouco de seu real significado, era ainda mais importante do que a palavra fome.

Na oitava manhã, um explorador veio ao encontro do capitão Morgan:

— O caminho está bloqueado, senhor. Levantaram uma barreira de terra e instalaram canhões.

Foi expedida uma ordem e o cabeça da coluna avançada moveu-se para a esquerda, começando a romper caminho através da mata mais espessa. Pela tarde, alcançaram o cimo de uma pequena colina redonda, a cujos pés se estendia o Panamá banhado pela luz dourada do céu ocidental. Os homens olharam uns para os outros, para se certificarem de que não havia, no caso, nenhuma alucinação pessoal.

Um dos piratas adiantou-se para a borda da colina. Parou um pouco, rompeu a gritar alucinadamente, e logo seus companheiros o viram correr pela colina abaixo, arrancando, na corrida, a espada do cinturão. Uma grande manada de gado pastava embaixo, no recôncavo, ali abandonada por algum espanhol imprudente. Num momento, todos os mil e quatrocentos homens estavam correndo pela colina abaixo. Mataram as vacas com suas espadas, apunhalaram e retalharam os animais amedrontados e, em breve, o sangue escorria pelas barbas dos homens esfaimados, as gotas vermelhas se alastravam pelas suas camisas. Naquela noite fartaram-se até ficarem inconscientes.

Era ainda escuro quando os exploradores foram alinhados na planície como lobos ao longo de uma represa; galgaram as paredes da barreira e contaram os homens que defendiam a cidade.

Na manhã seguinte, o capitão Morgan despertou seus homens e reuniu-os a fim de lhes transmitir as ordens para as fainas do dia. Ele conhecia bem a alma dos bucaneiros e arrancou-lhes os cérebros moldando-os para a batalha.

— Estamos a nove dias de jornada da embocadura do rio onde estão os nossos navios, a nove dias e não temos alimento nenhum. Ainda que vocês pensassem em fugir não poderiam alcançar os navios.E à nossa frente está o Panamá. Enquanto vocês dormiam como porcos, os exploradores andaram trabalhando. Quatro mil homens estão postados diante da cidade, com os flancos protegidos por cavalaria. Não se trata de indígenas armados com pistolas e facas, mas de soldados disciplinados de uniforme vermelho. E isso não é tudo. Há também touros para serem atirados sobre vocês, contra vocês, caçadores de gado!

Uma imensa gargalhada reboou a estas últimas palavras. Muitos destes homens tinham vivido nas florestas e tiravam sua subsistência da caça ao gado selvagem.

O capitão aguçou-lhes a avareza:

— Há, na cidade, ouro e jóias acima de qualquer expectativa. Cada um de vós ficará rico, se formos bem sucedidos.

Despertou-lhes a fome:

— Pensai nas carnes assadas, nos tonéis de vinho das adegas, nas finas iguarias. Pensai em tudo isso.

Avivou-lhes o desejo:

— Há na cidade milhares de escravas e milhares de outras mulheres! A dificuldade estará apenas em escolher entre a multidão que há-de vir ao nosso encontro. E não são mulheres do campo, mas grandes senhoras que se deitam em camas de seda. Imaginai como se há-de sentir a vossa pele quando vos deitares em camas como essas!

E por fim, como os conhecia muito bem, exacerbou-lhes a vaidade:

— Os nomes daqueles que tomarem parte nesta luta subirão os degraus da história. Isso não é uma pilhagem, mas uma guerra gloriosa! Imaginai o povo de Tortuga apontando-vos e dizendo: "Este homem lutou no Panamá! Este homem é um herói e está rico!" Pensai como as mulheres de Goaves vos perseguirão quando voltardes para casa. Há uma Taça de Ouro à vossa frente! Fugireis acaso? Muitos de vós morrerão hoje no campo, mas aqueles que sobreviverem levarão para casa, nas algibeiras, a dourada Panamá.

Roucos aplausos estrugiram. Os franceses atiravam-lhe beijos nas pontas dos dedos, os caraíbas cantavam e reviravam os olhos, os gulosos zeerovers olhavam pasmadamente a branca cidade ao longe.

— Ainda uma coisa! — disse o capitão. — As tropas atacarão em linha, pois eu conheço bem os comandantes espanhóis. Adoram fazer demonstrações. As ordens são para atirar no centro deles; e quando este centro estiver enfraquecido, então carregai e despedaçai-os.

Uma densa nuvem de homens foi distribuída pela planície. Duzentos atiradores avançaram enquanto o resto era agrupado atrás.

Dom Juan, Governador do Panamá, acompanhava o seu elegante exército, uma comprida linha de infantes em duas companhias. Contemplava satisfeito a grosseira formação do inimigo e foi quase com alegria que deu o sinal para o primeiro avanço.

A cavalaria espanhola moveu-se, rodando e volteando pela planície. Formava agora um V, e logo um quadrado vazio. Caminhava a trote ligeiro como nas intrincadas evoluções de uma revista, destacando-se em triângulos. Num momento, todas as espadas luziram ao sol, desapareceram e voltaram a brilhar novamente. Dom Juan impava de admiração.

— Olhem meus amigos! Olhem Rodriguez, meu querido capitão! Ah! Rodriguez! Será verdade que fui eu quem te ensinou essas coisas? Será possível que ainda há pouco tempo te carregava em meus braços? Era então uma criança, mas agora és um homem e um herói. Vejam a linha, a segurança, a precisão! Vejam Rodriguez com sua tropa, meus amigos! Como poderão esses animalescos piratas superar cavaleiros como os meus?

Rodriguez, à cabeça da sua gente, pareceu ouvir o elogio do Governador. Seus ombros levantaram-se, ergueu-se nos estribos e deu o sinal de carregar. As cornetas soaram excitadamente, os cascos batiam cavamente na relva. O avanço assemelhava-se a uma onda vermelha com crista prateada. Rodriguez voltou-se na cela e contemplou orgulhosamente a tropa que se arremessava atrás dele, obediente às suas ordens como um corpo de muitos membros governado apenas pelo seu cérebro. Os sabres repousavam no pescoço dos cavalos. Rodriguez voltou-se uma vez mais para olhar a sua amada Panamá antes do embate e toda a tropa correu temerariamente para o pântano. Sabiam da sua existência, mas no entusiasmo do momento, na excitação do próprio garbo, esqueceram-no. Momentos depois, a cavalaria do Panamá era uma confusão de homens e animais caídos por terra, como insetos apanhados num verde papel mata-moscas.

Dom Juan olhou, incrédulo, a malta de corpos derrubados na planície, e prorrompeu em soluços como uma criança que vê seu lindo brinquedo quebrado. Não sabia o que fazer. Uma névoa vermelha lhe empanava o cérebro. Podia retirar-se e ouvir uma missa na Catedral, pensou consigo.

O Estado Maior espanhol estava aturdido. Uniformes vermelhos e dourados corriam em todas as direções. Os oficiais gritavam ordens a toda a força dos pulmões. Por fim, o moço que tivera a idéia dos touros apareceu:

— Soltem os touros! — gritou continuamente até que todos passaram a gritar a mesma coisa.

Os índios que seguravam os animais quebraram as argolas que os prendiam pelos focinhos e começaram a impeli-los para frente com seus aguilhões. A manada espalhou-se lentamente pela planície. Soltaram, então, qualquer coisa vermelha que se precipitou numa corrida leve, e logo toda a manada largou a correr desabaladamente.

— Eles esmagarão esses ladrões na relva — disse com finura o oficial espanhol. — Por onde eles passarem, ficarão apenas botões e resto de armas. Não haverá nada mais no chão ensanguentado.

Os touros avançavam na direção dos bucaneiros e, de repente, os duzentos atiradores ajoelharam-se e fizeram fogo. Atiravam rapidamente, como se estivessem caçando e foi como se uma alta parede se tivesse erguido à frente dos animais.Aqueles que não estavam estropiados detiveram-se no caminho, cheiraram o sangue, escoicearam e arremeteram aterrorizados para as fileiras espanholas. O oficial tinha razão. Por onde eles passavam nada ficava, exceto botões, armas quebradas e relva sangrenta.

Aproveitando a arremetida, os bucaneiros carregaram. Atiraram-se através da brecha aberta pelos animais e dispersaram para a direita e para a esquerda os defensores aturdidos. Havia alguma gritaria, mas era dos soldados continentais, pois os terríveis bucaneiros riam e matavam homens com ambas as mãos. A gente de Espanha aguentou o terreno durante um certo tempo, mas seus corações cederam sob os belos uniformes vermelhos e o remédio foi debandar para os esconderijos da mata. Grupos de piratas perseguiam-nos, matando os que caíam exaustos. Em breve, as tropas defensoras deixaram de ser uma força organizada. Alguns trepavam às árvores, procurando esconder-se entre a folhagem, outros perderam-se nas montanhas e nunca mais foram encontrados. A Taça de Ouro caiu, inerme, aos pés de Henry Morgan.

Uma turba ululante varou a porta indefesa, a caminho da rua principal. Nos cruzamentos, parte da coluna tomava outras direções, como um rio criando tributários. De vez em quando, um grupo destacava-se do corpo principal e parava à frente de uma residência atraente. Batidas na porta, encontrões, e a porta caía para o interior como a capa de um grande livro. Os homens procuravam entrar todos os mesmo tempo. Ouviam-se choros e um grito ou dois. Inclinada à janela, uma velha observava com curiosidade os invasores. Em seu rosto lia-se o desapontamento.

— Afinal, — gritava ela para uma janela em frente — esses bandidos parecem-se muito com os nossos espanhóis. Não são diabos, como pensávamos; são homens.

Parecia sentir a humanidade deles e retirou a cabeça num gesto de passiva renúncia.

À tardinha irrompeu um incêndio. Altas chamas ergueram-se para o céu. Um quarteirão atingido. Logo uma rua. Metade da cidade ficou ardendo.

Henry Morgan dirigiu-se ao palácio do Governador a fim de ali instalar o seu quartel general. À entrada, estava Dom Juan Peres de Gusmán, com uma espada na mão.

— Sou o Governador — disse ele. — Meu povo esperava que eu o defendesse contra este flagelo. Falhei, mas talvez agora possa matá-lo.

Henry Morgan olhava para o chão. Alguma coisa neste homem histérico o enervava.

— Eu não ordenei o incêndio — explicou. — Alguns dos seus próprios escravos o atearam por vingança.

Dom Juan apontou para frente a espada nua.

— Ponha-se em guarda! — gritou.

O capitão não se moveu. A espada caiu da mão do Governador.

— Sou um covarde! Um covarde! — exclamou. — Por que não o varei sem dizer nada? Por que não me enfrentou? Ah, sou um covarde! Esperei muito tempo; não devia ter falado mas dirigido logo à sua garganta a ponta de minha espada. Ainda há pouco desejava morrer, morrer em sinal de expiação pelo meu fracasso, e arrastá-lo comigo como uma oferta de paz à minha consciência. Panamá caiu, devo cair também. É como se um dedo continuasse a viver após a morte do corpo. Mas não posso morrer agora. Não tenho coragem. E também não posso matá-lo. Bem que o pretendia, mas não agi com necessária presteza.

Saiu para o campo aberto e Morgan viu-o afastar-se alucinadamente da cidade.

A noite chegou. Quase toda a cidade estava em chamas. Era como um jardim de fogo rubro. A torre da Catedral desabou lançando para o ar um turbilhão de faíscas. Panamá estava morrendo num leito de chamas e os bucaneiros estavam assassinando o povo nas ruas.

Toda a noite, o capitão permaneceu na Sala de Audiências, enquanto seus homens traziam as presas conseguidas. Amontoaram no chão barras de ouro como se fossem pilhas de lenha, barras tão pesadas que era com dificuldade que dois homens carregavam uma. Pequenos montes de jóias brilhavam como medas de feno, e num canto, os preciosos paramentos da igreja estavam amontoados como o estoque de um armazém de velhas roupagens celestes.

Henry Morgan sentava-se numa alta cadeira esculpida, em lavores retorcidos como serpentes.

— Encontrou "La Santa Roja"?

— Não, senhor. As mulheres da cidade antes parecem demônios.

Chegavam prisioneiros para o trato pelos instrumentos de tortura encontrados nas prisões espanholas.

— Ajoelhe-se! Onde está sua fortuna?

Silêncio.

— Aperte, Joe!

— Piedade! Piedade! Eu lhes direi, juro. Numa cisterna, perto de minha casa.

Outro. "Ajoelhe-se! Sua fortuna? Vire, Joe!" — "Eu direi!".

Eram tão regulares, desumanos e insensíveis como magarefes num redil de vacas.

— Encontrou "La Santa Roja?" Enforcarei todos vocês se ela for molestada.

— Ninguém a viu, senhor. Os homens, com poucas exceções, estão bêbados.

Durante toda a noite, após cada confissão de tesouros ocultos, a vítima era afastada pelos investigadores que logo regressavam, carregando baixelas de prata, jóias e roupas de seda vistosa. O montão dos tesouros, na Sala de Audiências, ia crescendo a olhos vistos.

O capitão Morgan perguntava infatigavelmente:

— Encontrou "La Santa Roja"?

— Ainda não a encontramos, senhor; mas estamos procurando e indagando por toda a cidade. Talvez de dia...

— Onde está Coeur de Gris?

— Penso que está bebendo, senhor, mas...

O interlocutor afastou o olhar de Henry Morgan.

— Mas o quê? Que quer dizer? — gritou o capitão.

— Nada, não quis dizer nada, senhor. Tenho quase a certeza de que está bêbedo. Um galão é suficiente para o embriagar e talvez tenha encontrado algum amigo.

— Viu-o com alguém?

— Vi-o com uma mulher que também estava embriagada. Poderia jurar que ambos estavam bêbedos.

— Perguntou se a mulher era "La Santa Roja"?

— Oh, não, senhor! Não podia ser ela. Era apenas uma mulher da cidade, senhor.

Ouvia-se o ruído de objetos de ouro atirados sobre o montão já existente.

V

Um dourado alvorecer surgiu sutilmente por trás das alegres colinas de Panamá, tornando-se mais quente à proporção que avançava pela planície. O sol brilhou repentinamente sobre um pico e seus raios correram em busca da cidade. Mas Panamá estava morta, sucumbira durante uma noite de sangue e fogo. Como o sol é uma esfera volúvel, os raios curiosos alegravam-se com as novidades que encontravam. Iluminaram as pobres ruínas, passaram por sobre as faces mortas, correram pelas ruas desmanteladas, caíram diretamente sobre os pátios esburacados. Alcançaram o branco Palácio do Governador, penetraram pelas janelas da Sala de Audiência e tocaram o monte dourado que se erguia do chão.

Henry Morgan adormecera na cadeira torneada e sua purpúrea casaca estava suja da lama das planícies. A espada de bainha cinzenta estava caída a seu lado. Não havia mais ninguém no aposento, porque todos os homens que haviam auxiliado a amontoar os ossos da cidade durante a noite, se haviam retirado para beber e dormir.

Era um salão alto e comprido, forrado de painéis de cedro. As traves do teto eram tão negras e pesadas como se fossem de ferro. Fora um tribunal de justiça, um lugar de festas de casamento, a sala onde os mensageiros eram recebidos e assassinados. Uma das portas dava para a rua, e outra — uma passagem larga e arqueada, — abria para um lindo jardim em cujo centro se erguia o Palácio. Num dos canteiros, uma pequena baleia de mármore jorrava, na piscina, um firme jato com flores vermelhas e flores cujas pétalas se assemelhavam a pontas de setas, corações ou rosas-dos-ventos. Havia arbustos com rudes esculturas desenhadas nas cores violentas da floresta. Um macaco, do tamanho de um coelho, catava nos cascalhos do pavimento à procura de sementes.

Num dos bancos de pedra do jardim, estava sentada uma mulher. Desfolhava uma flor amarela, cantarolando fragmentos de uma canção terna e ingênua... "colheria para você meu amor, as flores do tempo, onde elas crescem durante a manhã...". Tinha olhos negros, rasos, brilhantes como o preto superficial das asas das moscas, e nas pálpebras pequenas linhas agudas. Poderia erguer as pálpebras de modo que os olhos brilhassem, embora a boca continuasse severa e plácida. Sua pele era muito pálida e cabelo negro e liso como a obsidiana.

Olhava para a luz inquiridora do sol e depois para a porta arqueada da Sala de Audiências. Cessou de cantar, escutou atentamente por um instante e depois reiniciou o canto gentil. Não havia outros rumores além do distante crepitar do fogo que ainda queimava as choças de palmeiras dos escravos, nos arredores da cidade. O macaquinho percorreu a vereda num galope curvo e gracioso. Parou à frente da mulher e levou as negras mãos à altura da cabeça, num gesto de prece.

A mulher falou-lhe mansamente:

— Você aprendeu bem a sua lição, Chico? Seu professor era um espanhol de horríveis bigodes. Bem o conheço. Sabes, Chico, ele queria o que dizia ser a minha honra. Não ficaria satisfeito enquanto não juntasse minha honra à dele, e então se orgulharia. Você não tem idéia do tamanho ou do peso da imaginação dele, nem como ela é. Mas em compensação, ficaria satisfeito com uma noz, não é Chico? — Jogou um fragmento da flor ao pequeno animal que a olhou, pôs na boca e cuspiu com desagrado.

— Chico! Chico! Você esquece o seu professor! Isso não está bem. Desse modo você não conseguirá nenhuma honra de mulher. Ponha a flor sobre o seu coração, beije minha mão de modo bem repinicado, e dê depois grandes passadas como o feroz lobo procurando a ovelha.

Riu novamente e olhou para a porta. Como não ouvisse barulho algum, levantou-se e encaminhou-se com presteza para a entrada da Sala de Audiências.

Henry Morgan moveu-se ligeiramente na cadeira e este movimento fez com que a luz do sol lhe batesse nas pálpebras. Endireitou-se e olhou em redor de si. Reparou com prazer no tesouro amontoado no chão e em seguida fixou bem os olhos na mulher parada sob o arco.

— Arrasou a nossa pobre cidade o suficiente para ficar satisfeito? — perguntou ela.

— Não mandei queimar a cidade — disse Henry com secura. — Foram os escravos espanhóis que começaram.

As palavras saíram-lhe forçadas e lembrou-se de que estava admirado.

— Quem é a senhora? — perguntou.

Ela deu um passo para o interior da sala.

— Meu nome é Izabel. Dizem que o senhor me procurava.

— Que eu a procurava?

— Sim. Alguns jovens tolos chamavam-me "La Santa Roja".

— A senhora! A "Santa Roja"?

Havia sonhado uma espécie de imagem, a imagem de uma jovem de seráficos olhos azuis que desmaiaria ao olhar firme de um rato. Esses olhos não se assustavam. Sob a sua doce superfície negra pareciam rir para ele, brilhando. Este rosto de mulher era severo, quase de falcão. Era efetivamente bela, mas da severa e perigosa beleza do relâmpago. Sua pele era branca e não rosada, como sonhara.

— A senhora é a "Santa Roja"?

Não estava preparado para esta mudança do seu sonho. Vacilava diante desta subversão da imagem que antecipara. Mas, pensava ele, mais de mil e duzentos homens abriram caminho através da mata, atiraram-se sobre a cidade como uma onda irresistível; milhares de homens sucumbiram na agonia dos ferimentos, centenas deles estavam estropiados, a Taça de Ouro em ruínas, e todas essas coisas haviam sucedido para que Henry Morgan pudesse apanhar "La Santa Roja". Depois de semelhantes preparativos, devia certamente estar apaixonado por ela. Não teria vindo se não estivesse apaixonado. Malgrado a sua impressão, não podia iludir a lógica de estar apaixonado. Sem dúvida alguma. Sempre pensara em "Santa como um nome, e agora percebia a razão do adjetivo. Um estranho sentimento se ia desenvolvendo nele, que não era, na verdade, um sentimento lógico. Recordava as suas sensações de um tempo há muito passado; sentia-se atraído e repelido por essa mulher, e reconhecia, no seu embaraço, o poder dela. Fechou os olhos e a imagem de uma graciosa mocinha de cabelos doirados destacava na escuridão do seu cérebro.

— A senhora parece-se com Elizabeth — disse mergulhado na confusa monotonia de um sonho. — Parece-se e contudo não vejo semelhança. A senhora possui a ciência que ela estava aprendendo a possuir. Creio que a amo, mas não tenho a certeza. Não tenho a certeza.

Seus olhos tinham ficado semicerrados, e quando os abriu havia à sua frente uma mulher real e não a sombra de Elizabeth. Ela estava contemplando-o com curiosidade, e talvez, pensou, com algum amor. Era curioso que o tivesse vindo procurar quando ninguém a forçara a isso. Devia estar fascinada. O homem buscou em sua memória as frases que havia construído, durante a caminhada, através do istmo.

— A senhora deve casar-se comigo, Elizabeth-Izabel. Creio que a amo. Deve acompanhar-me e viver comigo, e ser minha esposa sob a proteção do meu nome e da minha mão.

— Mas eu já sou casada! — interrompeu ela. — E muito satisfatoriamente casada.

Morgan até previa isso. Durante as noites da marcha planejara este encontro tão cuidadosamente como tinha planejado a batalha.

— Mas não é direito que dois seres inflamados pelo fogo branco devam ir separados para a áspera eternidade, caminhar sozinhos pelo gelado infinito. Por que razão cada um destes dois seres deve carregar as cinzas de uma chama que não se extinguiu até a morte? Há alguma coisa sob o céu que nos proíba este incêndio? O céu concedeu-nos o óleo inextinguível e cada um de nós conduz para o outro uma pequena tocha. Ah, Izabel, renuncie ao outro, ou evite-me o conhecimento do intruso, se lhe quer bem. Você vibraria ao meu toque como um violino velho. Você tem medo, creio eu. Há na sua mente um temor do mundo, do mundo inquisidor e vingativo. Mas não deve ficar assim amedrontada, porque eu lhe digo que este mundo é um insensato, medroso verme, que apenas conhece três paixões: ciúme, curiosidade e ódio. É fácil destruí-lo, fazendo do coração um universo para si próprio. O verme, não tendo coração, não conhece a obra do coração. Fica perturbado com as estrelas deste novo sistema. Falo-lhe dessas coisas, Izabel, porque conhecendo-as há de as compreender. Precisa compreendê-las. Eu o sei pela sombria e doce música dos seus olhos. Poderei ler-lhe nos lábios o bater de seu coração. Esse coraçãozinho agitado é um pequeno tambor chamando-me para combater os seus receios. Seus lábios parecem as pétalas gêmeas de um hibisco vermelho. E se assim acho adorável, devo recuar diante de uma circunstância estúpida? Não hei de exprimir-lhe o meu pensamento quando isso me diz respeito muito de perto? Não, não podemos caminhar separados, carregando as cinzas de uma chama que não se extinguiu até a morte.

Izabel ouvia-o atentamente quando ele começou a falar, mas depois uma leve contrariedade se foi desenhando em sua face; quando ele terminou havia apenas ironia em seus olhos e uma sensação de ridículo superficialmente encoberta. Izabel sorria levemente.

— Esquece apenas uma coisa, senhor — disse ela. — Que eu não ardo. Creio mesmo que não tornarei a arder. O senhor não conduz uma tocha para mim, embora eu o desejasse. Até há pouco esperei que assim fosse, mas já ouvi muitas vezes palavras iguais às suas em Paris e Córdoba. Haverá algum livro pelo qual os amantes se instruem? Os espanhóis dizem as mesmas coisas, mas seus gestos são mais estudados e um pouco mais convincentes. O senhor tem muito que aprender.

172

Calou-se. Henry olhava para o chão. A estupefação enevoara-lhe o cérebro.

— Conquistei o Panamá para você! — disse ele queixosamente.

— Sim, e ontem eu bem o desejava. Ontem não sonhava com outra coisa. Mas hoje... Sinto muito.

Falava de modo muito suave e muito triste.

— Quando ouvia falar do senhor e das suas ruidosas incursões pelo mar, pensei em você como um objetivista num mundo de vacilações. Sonhei que um dia viria a mim, armado de um desejo transcendente e silencioso e forçasse meu corpo com brutalidade. Sonhava uma violência calada e irracional. O grande pensamento apoderou-se de mim quando meu marido começou a exibir-me. Ele não me amava; lisonjeava-o apenas que eu o amasse. Isto atribuía-lhe a seus próprios olhos importância e graça, qualidades que não possuía. Gostaria de conduzir-me pelas ruas e seus olhos diriam: "Vejam quem desposei! Nenhum homem comum desposaria tal mulher, e portanto eu não sou um homem comum". Tinha medo de mim; um homúnculo e temendo-me. Seria capaz de dizer: "Permite-me, querida,que exerça as prerrogativas de um marido?" Ah, o desprezo que sinto por ele! Eu desejava a força, a força cega e irracional, amor não para a minha alma ou para alguma perfeição imaginária de meu espírito mas para o branco feitiço do meu corpo. Não quero suavidade. Suave já eu sou. Meu marido encharca-se em perfumes antes de me tocar, seus dedos parecem úmidas e grossas lesmas. Desejo o abraço de músculos duros, a deliciosa dor que nasce das pequenas brutalidades.

Fitou-o bem de perto, como se procurasse ainda nele as qualidades que almejara.

— Pensei muitíssimo no senhor; era para mim uma bronzeada figura da noite. E agora encontro um tagarela, um recitador de palavras doces, estudadas, sem quase nenhum conhecimento do seu sentido. Verifico que não é, na verdade, um realista, mas apenas um romântico grosseiro. Deseja casar-se comigo para me proteger. Todos os homens, exceto um, desejam proteger-me. Pois eu sou muito mais capaz de proteger-me do que o senhor. Estou sendo aborrecida com frases desde que me conheço. Tenho sido afagada com todos os nomes amáveis e alimentada de carícias. Esses outros homens, como o senhor, não diziam o que desejavam. Como o senhor, experimentavam a necessidade de justificar suas paixões aos próprios olhos. Como o senhor, deviam convencer-se, tanto quanto eu, de que me amavam.

Henry Morgan baixara a cabeça, aparentemente envergonhado. Em seguida, encaminhou-se para ela.

— Nesse caso, violentá-la-ei!

— Agora é muito tarde! Sempre pensaria no senhor recitando suas estudadas palavras. Enquanto o senhor me estivesse dilacerando as roupas, eu o imaginaria lisonjeando-me, delirando às suas próprias palavras. Seria até capaz de dizer, por ironia, que tinha medo. Poderia mesmo esquivar-me, e o senhor, que é quase uma autoridade em raptos, precisava avaliar as conseqüências disso. Não, o senhor fracassou, e lamento muito o seu fracasso.

— Mas eu te amo — disse Henry miseravelmente.

— O senhor diz isso como se se tratasse de uma coisa nova e profunda. Muitos homens me têm amado, centenas o declararam. Mas que vai fazer comigo, capitão Morgan? Meu marido está no Peru e minha fortuna também lá está.

— Não sei, não sei.

— Serei uma escrava? Uma prisioneira?

— Sim. Tenho de levá-la comigo, do contrário os meus homens ririam de mim. Isso seria prejudicial para a disciplina.

— Se tenho de ser sua escrava — acrescentou ela, — se devo sair do meu país, espero então ser propriedade sua, ou de um jovem e encantador pirata que encontrei ontem à noite. Mas não creio que me leve, capitão Morgan, não creio que me force a partir, pois talvez lhe crave no peito a faca que aqui tenho.

Henry Morgan ficou excitado:

— Quem é esse pirata?

— Ah, o senhor já sentiu a faca — respondeu Izabel.
— Como é que o hei-de conhecer? O certo é que é encantador e gostaria de vê-lo novamente.

Os olhos do capitão fuzilavam de raiva.

— Será encarcerada! — acrescentou asperamente.
— Permanecerá em sua cela até a hora de voltarmos para o Chagres. Veremos se essa faca de que fala é suficientemente aguçada para a reter no Panamá.

Izabel foi seguindo-o através do jardim, para a prisão, e rompeu numa clara gargalhada:

— Capitão Morgan, já conheço isso. Já verifiquei que uma enorme quantidade de diferentes homens produz a mesma espécie de maridos.

— Entre em sua cela! — ordenou.

— Oh, capitão Morgan, o senhor encontrará uma velha nas escadas do Palácio. É minha aia. Por favor, mande-a ter comigo. E agora, adeus por enquanto. Tenho de fazer as minhas orações. O pecado necessita de perdão, capitão Morgan. É prejudicial para a alma.

Morgan regressou vagarosamente para a sua cadeira na Sala de Audiências. Sentia uma espécie de vergonha pela sua falta de virilidade. Era como se ela lhe tivesse arrancado a própria espada da bainha e lhe cortado a face, enquanto ele permanecia indefeso. Tinha-o derrotado sem esforço aparente. Sentia-se abatido ao imaginar como seus homens zombariam, quando soubessem do seu embaraço. Haveria risotas quando ele voltasse as costas. Os piratas ficariam silenciosos enquanto ele passasse, mas depois que saísse romperiam em mordazes gargalhadas. Esta sensação de oculto ridículo era terrível para Henry Morgan. O ódio começou a subir-lhe à cabeça, não contra Izabel mas contra os próprios homens que dele se ririam; contra o povo de Tortuga que contaria a história pelas tavernas, contra toda a costa indiana.

Da pequena prisão, sita no outro lado do jardim, vinha uma voz penetrante orando à virgem, que enchia o palácio de um fervorosa sinfonia. Henry Morgan escutava com os ouvidos aguçados, procurando surpreender escárnio nas palavras ou no tom, sem contudo o conseguir. Sempre e sempre uma vibrante Ave-Maria, o tom de uma pecadora recolhida e suplicante: "ora pro nobis". Um mundo despedaçado e o esqueleto negro de uma cidade dourada: "ora pro nobis". Realmente nenhum escárnio, mas uma sincera contrição testemunhada pelas contas do rosário. Uma voz aguda, insistente, de mulher, parecia repetir um pecado tremendo e desesperançado. Ela dissera que era o pecado da realidade. "Tenho sido honesta em meu corpo, mas com uma negra mentira na alma. Perdoai ao meu corpo a sua humanidade! Perdoai à minha imaginação o seus excessos! Perdoai à minha alma o ter estado ligada a ambos durante este tempo. Ora pro nobis".

O rosário infindável e obsedante perturbava o cérebro de Henry. Por fim ele apanhou a espada e o chapéu e fugiu para a rua. Atrás de si ficava o tesouro sorrindo ao sol que caía obliquamente.

As ruas que cercavam o Palácio do Governador não tinham sido atingidas pelo fogo e o capitão Morgan caminhou até alcançar as ruínas. Ali, as paredes enegrecidas derramavam suas pedras pelo caminho. As casas construídas de cedro haviam desaparecido até os alicerces nas cinzas fumegantes, mal se podendo adivinhar o lugar onde se tinham erguido. Aqui e ali habitantes assassinados arreganhavam os dentes para o céu, na última agonia.

— Antes da noite seus rostos ficarão negros — pensou Henry. — Devia ter mandado removê-los, ou teremos a peste.

Rolos de fumaça subiam ainda em vários pontos da cidade, enchendo o ar com o odor das coisas úmidas que se queimam. As colinas verdes, para além da planície, pareciam incríveis a Henry Morgan. Observou-se atentamente e depois olhou para a cidade. Esta destruição que parecera tão completa e tão tremenda durante a noite, não passava, afinal, de uma pequena devastação circunscrita. Henry não pensara nas colinas que permaneciam verdes e eretas, de modo que a conquista lhe parecia agora mais ou menos sem importância. Com efeito, a cidade estava em ruínas, ele a destruíra, mas a mulher por cuja causa viera à Taça de Ouro, escapara-lhe. Escapara-lhe quando já estava em seu poder. Morgan começava a duvidar do seu valor e estremecia à idéia de que outros o pudessem suspeitar.

Alguns bucaneiros revolviam as cinzas, procurando prata fundida que tivesse escapado à busca da noite anterior. Ao virar uma esquina, Henry deparou com o cockney Jones, e viu-o esconder rapidamente alguma coisa no bolso. Uma onda de raiva lhe subiu à cabeça. Coeur de Gris dissera não haver diferença nenhuma entre este animal epilético e o capitão Morgan. Nenhuma diferença, realmente! Este homem era um ladrão. A raiva transformou-se no desejo imperioso de o humilhar, ultrajar e ridicularizar como ele próprio fora ridicularizado. O cruel desejo tornou-lhe brancos os finos lábios.

— Que tens aí no bolso?

— Nada, senhor.

— Deixa-me ver o que tens aí no bolso!

O capitão empunhava uma pesada pistola.

— Não é nada, senhor, apenas um pequeno crucifixo. Achei-o.

Mostrou uma cruz dourada, guarnecida de diamantes, e nela um Cristo de marfim.

— O senhor compreende, é para minha mulher — explicou o cockney.

— Ah, para tua esposa espanhola!

— Ela é mestiça, senhor.

— Sabes a punição para quem oculta despojos?

Jones olhava a pistola e sua face escureceu.

— O senhor não o faria... oh, o senhor não o faria!... — exclamou ele sufocado.

Parecia estar sendo envolvido por enormes dedos invisíveis. Os braços descaíram-lhe pesadamente, os lábios entreabriram-se-lhe e um horror imbecil lhe brilhou nos olhos. Sua boca espumava. Todo o seu corpo tremia como se fosse um boneco de madeira dançando numa corda.

O capitão Morgan atirou. Por um momento o cockney pareceu tornar-se menor. Seus ombros encolheram-se até quase lhe esconderem o peito, como asas curtas, os dedos crisparam-se-lhe e então toda aquela contraída massa se abateu no chão, informe. Os lábios abriram-se, mostrando os dentes num último e estúpido grunhido.

Henry Morgan empurrou o corpo com o pé e uma reviravolta lhe sacudiu o cérebro. Matara esse homem. Era seu direito matar, incendiar, saquear, não porque fosse ateu ou esperto, mas porque era forte. Era o senhor do Panamá e de todo o seu povo. Não havia no Panamá outra vontade além de sua. Podia matar todos os que nela viviam, se assim o desejasse. Tudo isso era verdade e ninguém o ousaria negar. Mas no Palácio estava uma mulher que zombara do seu poder e da sua vontade, e o desprezo dela era uma arma mais forte do que a sua vontade. Ela esgrimira com o seu embaraço e tocara-o como quisera. Mas como fora isso possível? Perguntava-se. Não havia nenhum outro senhor no Panamá, além dele próprio, e justamente matara esse homem para o provar. Sob a bateria de seus argumentos o poder de Izabel decaía e mansamente afrouxava. Voltaria ao palácio e violentá-la-ia como prometera. Aquela mulher fora tratada com excessiva consideração. Não compreendera o significado da palavra escravidão nem conhecia a ferocidade de Henry Morgan.

Voltou e encaminhou-se para o Palácio. Na Sala de Audiência desembaraçou-se das pistolas, deixando, porém, na ilharga, o florete cinzento.

Izabel estava de joelhos diante de uma imagem sagrada, na cela de paredes brancas, quando Morgan subitamente apareceu. À vista dele a velha aia encolheu-se a um canto, mas Izabel olhou-o atentamente, notou-lhe a face congestionada, os olhos ferozes, e com um sorriso de compreensão levantou-se. Seu riso alteou-se, escarnecedor, enquanto tirava um alfinete do corpete e assumia a posição de um esgrimista, um pé para a frente, o braço esquerdo caído para trás, para compensar, o alfinete apontado como um florete.

— Em guarda! — exclamou.

O capitão atirou-se sobre ela. Seus braços envolveram os ombros da moça e suas mãos despedaçavam-lhe a roupa. Izabel permaneceu tranqüila, uma das mãos mexendo-se com o alfinete, como um serpente branca. Pequenas manchas de sangue apareciam nas faces e na garganta de Henry.

— Agora vão os seus olhos, capitão — disse ela tranquilamente, ferindo-o pela terceira vez na maçãs do rosto.

Henry largou-a e afastou-se, limpando a face ensanguentada com as costas da mão. Izabel ria-se. Um homem pode subjugar, mesmo submeter a qualquer violência a mulher que grita ou foge, mas é impotente diante daquela que resiste e apenas ri.

— Ouvi um tiro — disse ela — e imaginei que talvez o senhor tivesse matado alguém para justificar o seu poder. Mas seu poder ficará agora diminuído, não? A notícia deste incidente correrá por toda a parte; sabe como estas coisas se propagam. Dir-se-á que o senhor foi derrotado por um alfinete manejado por uma mulher!

Seu tom de voz era cruel. A mão de Henry correu para o seu flanco e a fina espada saiu da bainha como uma esguia serpente. A luz coruscou vivamente na lâmina nua, a ponta aguda do aço floretou no ar e buscou o peito da mulher.

Izabel empalideceu de terror.

— Sou uma pecadora! — gritou ela, e uma suave consolação se lhe espelhou na face. Chamou a aia para perto de si e começou a falar-lhe num espanhol rápido e embrulhado.

— É verdade, — dizia a aia. — É verdade!

No fim da conversa Izabel desfez cuidadosamente o laço da mantilha, para que esta não fosse manchada pelo sangue. A aia começou a traduzir-lhe as palavras.

— Senhor, minha ama diz que uma verdadeira católica que morre às mãos de um infiel, vai para o céu. Isto é verdade. Diz também que uma católica, que morre para não trair os sagrados votos de fidelidade do casamento, vai diretamente para o céu. Também isto é verdade. Finalmente acha que uma tal mulher, com o decorrer do tempo, será canonizada. Capitão, seja generoso! Permita-me beijar a mão dela antes de a matar.

Que privilégio, ter beijado a mão de uma santa ainda em vida! Será um grande auxílio para a minha alma pecadora.

Izabel tornou a falar-lhe.

— Minha ama pede que a mate, implora, suplica o golpe. Os anjos estão pairando sobre a sua cabeça e a música sagrada está ressoando em seus ouvidos.

A ponta da espada desceu. Henry Morgan afastou-se e olhou para fora, para o jardim ensolarado. O pequenino Chico vinha galopando pela vereda e sentou-se na soleira da porta, juntou as mãos e ergueu-as à altura da cabeça, como numa prece. A espada fina produziu um som áspero quando voltou à bainha. O capitão Morgan baixou-se para agarrar o macaquinho e afastou-se acariciando-lhe a cabeça com o dedo indicador.

V

O capitão apanhou um cálice dourado no monte de despojos, um lindo e delicado vaso de longas asas recurvas e bordas prateadas. Na parte externa, grotescos carneiros se perseguiam e na parte de dentro, ao fundo, uma mulher nua erguia os braços em místico êxtase. O capitão virou a taça nas mãos e bruscamente arremessou-a para uma chamejante pilha de diamantes. As pedras espalharam-se na irisada pirâmide, com um som curto e seco. Morgan regressou à cadeira onde estivera sentado. Pensava no pequeno cockney Jones, na fria mão da epilepsia que o empolgara no último instante de vida. Essa mão estivera sempre atrás dele, gigantesca, para lhe espremer o corpo até que as brancas gotas da agonia lhe fluíssem dos lábios. Pensava agora nas razões que o haviam levado a humilhar o pobre homem, torturá-lo e finalmente matá-lo. Jones fora toda a vida perseguido por um tormento incurável. Certamente esse assassínio fora causado pelas palavras de Coeur de Gris, que comparara Jones a Henry Morgan. Sim, agora o sabia, e envergonhava-se da sua falsa acusação de furto. Por que ao menos não matara o homem sem qualquer explicação?

E Coeur de Gris, onde estaria? Ele vira Izabel, era certo, e reconhecera-a. Talvez ela amasse Coeur de Gris por causa do seu cabelo claro e da sua maneira de tratar as mulheres. E como poderia fazer com que o rapaz ignorasse a sua derrota, impedi-lo de ouvir contar a aventura do alfinete e de todo o seu ignominioso procedimento com "La Santa Roja"? A pistola que matara Jones, jazia no chão. Henry apanhou-a e começou a carregá-la compenetradamente. Não temia ser ridicularizado por Coeur de Gris, antes teria, era quase certo, sua simpatia e compreensão; mas, neste momento, não desejava compreensão. Seu tenente olhá-lo-ia com lastimosa piedade, algum sentimento vagamente irônico. Seria a piedade de um jovem atraente pelas infelicidades amorosas de um outro menos dotado. Além disso, Coeur de Gris assemelhava-se muito a uma mulher por causa da intuição que possuía; parecia-se muito com Izabel. Sabia tudo por intermédio de um misterioso olho escondido.

E "La Santa Roja"? Henry devia forçosamente levá-la consigo. Não poderia ser outra a sua atitude. Talvez após algum tempo ela viesse a apaixonar-se por ele, embora não por causa dos seus méritos: o desprezo de Izabel convencera-o de que os não possuía, que não passava de um ser monstruoso, apartado dos outros homens por um horrível torpeza. Ela não dissera muito, mas intimidara-o. Não, decididamente não possuía qualidades para atrair uma mulher, sempre que houvesse outros homens por perto. Se ela não visse outros homens, talvez pudesse ignorar as qualidades que lhe faltavam; e quem sabe se por fim lhe não descobriria alguma.

Pensava na última cena ocorrida. Agora que estava calmo, sua estúpida atitude parecia-lhe a demonstração de um rapazinho bobo. Mas, que teria feito qualquer outro homem? Ela iniciara o ataque com gargalhadas, gargalhadas mordazes e cruéis, que haviam desmantelado e zombado dos seus desejos. Devia tê-la matado, mas como matar uma mulher que deseja, implora a morte? Impossível! Excitadamente colocou uma bala no cano da pistola.

Uma figura atravessou a porta arrastando-se. Era Coeur de Gris, um Coeur de Gris de olhos vermelhos, enlameado, ainda com o sangue da batalha na face. Olhou para o monte de tesouros.

— Estamos ricos! — disse sem entusiasmo.

— Onde é que tem estado, Coeur de Gris?

— Onde estive? Estive bebendo. É bom beber depois da briga. — Sorriu caricaturalmente, mastigando em seco. — Não é bom a gente curar-se da bebedeira. Parece o nascimento de uma criança, necessário, embora penoso e desagradável.

— Precisei de você — continuou o capitão.

— Precisou? Disseram-me que o senhor não queria pessoa alguma ao pé de si, que estava satisfeito e feliz, de modo que fui beber um pouco. Não quero mencionar as razões que o senhor teria para ficar sozinho, mas diga-me, senhor, a "Santa Roja" está aqui?

Sorria com mal dissimulada emoção. Seus gestos exigiam um grande esforço de vontade. Tornou-se jovial.

— Diga-me a verdade, senhor. É uma pequena compensação que se faz a um homem, dar-lhe a conhecer o que perdeu. Muitas pessoas não recebem outros presentes em toda a vida. Diga-me, senhor, o doce inimigo capitulou? Rendeu-se essa fortaleza de carne? O pavilhão de Morgan flutua sobre a torre de alfinetes?

O rosto de Henry corou violentamente. A pistola que tinha na mão foi-se erguendo de vagar, impelida por uma inexorável loucura. Ouviu-se um estampido surdo e uma nuvem de fumaça pairou no aposento.

Coeur de Gris permaneceu como estava. Parecia estar ouvindo algum rumor distante e cheio de interesse. Sua face torceu-se de terror. Seus dedos procuraram freneticamente o peito e foram seguindo um filete de sangue até a origem, um pequeno orifício no pulmão. Um dos dedos tapou o buraco. Depois tornou a sorrir. Agora que sabia, não tinha mais medo de certas coisas.

O capitão Morgan fitava idiotamente a pistola que tinha na mão. Parecia surpreso de se ver com ela, sobressaltado com a sua presença.

Coeur de Gris ria histericamente.

— Minha mãe irá odiá-lo — disse com tristeza. — Lançará sobre o senhor todas as suas maldições. Minha mãe... — sua respiração era arquejante. — Não lhe diga nada. Invente alguma mentira engenhosa. Faça da minha vida um minarete dourado. Não a deixe parar, como uma torre inacabada. Mas não. Bastar-lhe-á lançar os alicerces. Se lhe der os alicerces ela fará de minha memória uma estrutura heróica. — O sangue afogava-lhe a garganta. — Por que fez isto, senhor?

— Por que o fiz? — Olhou a boca ensangüentada, o peito baleado; ergueu-se da cadeira mas tornou a cair pesadamente nela. O sofrimento via-se estampado em seus olhos. — Não sei! Devia saber, mas esqueci.

Coeur de Gris ia ajoelhando lentamente, firmando-se no chão com os nós dos dedos.

— São os meus joelhos, senhor, que não me sustentam mais.

Parecia ouvir novamente o som distante. De repente sua voz alterou-se numa queixa amarga:

— Há uma lenda segundo a qual os agonizantes recordam as ações que praticaram. Não, não. Eu penso naquilo que não fiz, naquilo que poderia ter feito durante todos esses anos que agora terminaram. Penso nos lábios das mulheres que nunca vi, no vinho que ainda repousa na semente da uva, nos doces carinhos de minha mãe, em Goaves. Mais do que tudo, porém, penso que nunca mais caminharei, nunca mais vaguearei ao sol ou aspirarei o odor das essências capitosas que a lua cheia faz brotar da terra. Senhor, por que fez isso?

Henry Morgan estava novamente fitando a pistola.

— Não sei — murmurou obstinadamente. — Devia saber, mas esqueci. Certa vez matei um cachorro e há pouco matei Jones. Não sei por que!

— O senhor é um grande homem, capitão — disse Coeur de Gris amargamente. — Os grandes homens podem deixar as suas intenções aos cuidados dos seus apologistas. Mas eu, senhor, não sou nada, nada. Ainda há pouco era um excelente espadachim. Mas agora, aquele que lutava, odiava e amava, deixou de existir. É tudo quanto sei.

Seus pulsos fraquejaram, caiu de lado e ali ficou tossindo, engasgado pelo sangue que lhe subia à garganta. Durante certo tempo, não houve na sala outro ruído além do seu violento esforço para respirar. Subitamente ergueu-se, apoiando num dos cotovelos e rompeu a rir, a rir de alguma alegre visão do além, de algum gracejo das grandes esferas celestes; riu triunfalmente, como se houvesse solucionado algum enigma e verificasse quão simples era. Uma onda de sangue subiu-lhe à boca durante a gargalhada, o riso mudou-se num violento suspiro e Coeur de Gris tombou mansamente de lado, assim ficando porque os pulmões não mais forçariam a respiração.

Henry continuava a olhar a pistola que tinha na mão. Dirigiu, depois, o olhar, vagarosamente, pela janela aberta. Os violentos raios do sol faziam com que o tesouro, no chão, faiscasse como uma massa de metal incandescente. De novo fitou o corpo que tinha em frente. Estremeceu e, então, encaminhou-se para Coeur de Gris, ergueu-o e sentou-o numa cadeira. O corpo inclinou-se para um dos lados. Henry endireitou-o e fixou-o numa posição correta, regressando à sua cadeira.

— Foi assim que ergui a mão — disse apontando a pistola para Coeur de Gris. — É assim que devo ter erguido a mão. Coeur de Gris está morto. Assim, erguia-a assim, e apontei. Como é que fui fazer isso?

Abaixou a cabeça e depois ergueu-a num ímpeto:

— Coeur de Gris! Coeur de Gris! Queria falar-lhe sobre a "Santa Roja". Ela monta a cavalo. Não tem, absolutamente, a modéstia feminina e sua aparência nada tem de extraordinária.

Inclinou-se para o cadáver. Os olhos do morto estavam apenas meio fechados, mas as pálpebras iam descendo e os olhos começavam a afundar no rosto. A face conservava a rígida distorção da última gargalhada.

— Coeur de Gris! — Gritou o capitão. Dirigiu-se rapidamente para o corpo e passou a mão pela fronte. — É apenas uma coisa morta. Daqui a pouco atrairá moscas e doenças. Preciso mandar retirá-lo daqui. Coeur de Gris, nós fomos enganados. A mulher esgrime como um homem e monta a cavalo de pernas abertas. Quanto esforço perdido! Foi o que ganhamos por acreditar em tudo quanto ouvimos, Coeur de Gris. Mas tu não passas de uma coisa morta e daqui a pouco as moscas virão pousar em ti.

Um forte rumor de passos na escada interrompeu-lhe o monólogo e um bando dos seus homens entrou, conduzindo um pobre espanhol assustado, cheio de lama e de terror. O cordão fora-lhe arrancado do pescoço e um fio de sangue escorria-lhe por sob uma das mangas do casaco.

— Aqui está um espanhol, senhor — disse o chefe do grupo. — Chegou à cidade carregando uma bandei-

186

ra branca. Respeitamos a bandeira branca, senhor? Ele tem prata nos arreios. Devemos matá-lo? Talvez seja um espião!

Henry Morgan não deu atenção aquelas palavras. Continuava apontando para o corpo na cadeira.

— É apenas uma coisa morta, — anunciou. — Não é Coeur de Gris. Mandei embora Coeur de Gris. Em breve voltará. Ergui minha mão assim, vê? Assim. Sei perfeitamente como o fiz; repeti várias vezes. Mas é uma coisa morta e vai atrair as moscas. Leve-o! — gritou. — Leve-o e dê-lhe sepultura.

Um dos homens aproximou-se para erguer o corpo.

— Não lhe toque! Não ouse tocar-lhe! Deixe-o onde está. Ele está sorrindo. Não vê o sorriso dele? Mas, as moscas... Não, deixe-o. Eu mesmo me encarregarei dele.

— E este espanhol, senhor, que faremos com ele? Matamo-lo?

— Que espanhol?

— Este aqui, senhor!

Empurraram o homem para frente. Henry parecia despertar de um profundo sonho.

— Que deseja? — interrogou asperamente.

O espanhol esforçou-se por dominar o receio de que estava possuído.

— É... meu desejo, e do meu senhor, ter uma conversa com o capitão Morgan, se ele tiver a amabilidade de anuir. Sou um emissário, senhor, e não um espião como estes... cavalheiros sugerem.

— Qual é a sua missão? — A voz de Henry tornara-se fatigada.

O emissário tomou novo alento com esta mudança de voz.

— Venho da parte de um homem muito rico, senhor. A esposa dele está em seu poder.

— A esposa dele está em meu poder?

— Ela foi apanhada na cidade, senhor.

— Qual é o nome dela?

— Dona Izabel Espinosa Valdez y Los Gabillanes. A gente simples da cidade chamava-lhe "La Santa Roja".

Henry Morgan considerou-o durante longo tempo.

— Com efeito — disse por fim — ela está em meu poder. Está na cela. Qual é o desejo do marido?

— Ele propõe o resgate, senhor. Deseja ter novamente a esposa a seu lado.

— Qual é o resgate que oferece?

— A soma que Vossa Excelência sugerir.

— Vinte mil peças de ouro — atalhou Henry bruscamente.

O emissário ficou estupefato.

— Vinte mil... vinte mil... — repetiu em sua língua, como que para apreender a enormidade da quantia. — Pelo que vejo, Vossa Excelência também deseja a mulher.

Henry Morgan olhou para o corpo de Coeur de Gris.

— Não — respondeu. — desejo o dinheiro.

O emissário estava aliviado. Tinha agora o direito de considerar este homem um idiota.

— Farei o que devo, senhor. Voltarei à sua presença dentro de quatro dias.

— Dentro de três.

— E se eu não puder chegar, senhor?

— Se você não chegar, levarei comigo a "Santa Roja" e vendê-la-ei nos leilões de escravos.

— Farei o possível, senhor.

— Dêem-lhe facilidades! — ordenou o capitão para os seus homens. — Não lhe causem aborrecimentos. Ele nos vai trazer ouro.

Quando o grupo saía, um dos homens voltou-se e relanceou avidamente os olhos pelo tesouro.

— Quando será a divisão, senhor?

— Em Chagres, idiota! Pensas que o irei dividir agora?

— Mas poderíamos receber um pouco por conta, para o sentirmos nas mãos. Lutamos duramente, senhor.

— Fora daqui! Nada receberão enquanto não chegarmos aos navios. Achas que vou deixar-vos gastar tudo com as mulheres aqui? As mulheres de Goaves estão à vossa espera.

Os bucaneiros abandonaram, murmurando, a Sala de Audiências.

VI

Os bucaneiros entregavam-se a excessos no Panamá. Tonéis de vinho foram conduzidos para um vasto armazém, o chão foi limpo de mercadorias e uma dança selvagem ali se desencadeou. Havia uma multidão de mulheres que assaltava os piratas. Dançavam e atiravam-se para todos os lados ao som das flautas, como se os seus pés não estivessem tripudiando sobre o túmulo do Panamá. Elas, hábeis economistas, estavam conseguindo a volta de uma parte do tesouro roubado por meio de armas mais eficientes do que a espada, e não menos infalíveis.

A um canto do armazém estavam sentados o Borgonhês e seu protetor maneta.

— Veja, Emil, aquela!... Examine-lhe bem os quadris!

— Estou vendo, Toine, e é digna de você. Não pense que deixo de apreciar os seus esforços para me causar prazer. Mas sou bastante tolo para guardar um ideal, até mesmo para a cama. Isso prova que ainda sou um artista, senão um cavalheiro.

— Mas veja, Emil! Repare bem no vigor dos seus seios!

— Não, Toine. Não vejo nada que valha a minha rósea pérola. Guardá-la-ei um pouco mais.

— Realmente, meu amigo, acho que você perdeu o senso da beleza. Onde está aquele olho observador que tanto usávamos para vigiar as nossas mantas?

— Está comigo, Toine. Ainda está comigo. Os seus olhos é que transformam éguas pardas em ninfas brancas.

— Nesse caso, Emil, desde que você persiste em sua cegueira, talvez não se importe de me emprestar a sua pérola. Agradeço-lhe e devolvê-la-ei sem demora.

Grippo estava sentado no meio do salão, contando de mau humor os botões da sua manga.

— ... oito, nove... Eram dez! Algum enjeitado roubou o meu botão. Ah, este mundo de ladrões! É demais. Seria capaz de matar um por causa deste botão. Era o meu botão favorito. Um, dois, três,... mas eram dez. Um, dois, três, quatro...

Em torno de si agitavam-se as dançarinas e o ar enchia-se dos penetrantes silvos das flautas.

O capitão Sawkins olhava enraivecido para os dançarinos. Acreditava firmemente que a dança era o caminho mais curto para o inferno. Ao lado dele, o capitão Zeigler observava o derrame das bebidas. Este Zeigler era chamado "o taverneiro do mar". Tinha o costume, após qualquer viagem, de manter os homens no mar gastando o produto das pilhagens na compra do rum que armazenava a bordo. Dizia-se que, em certa ocasião, provocara um motim por ter ficado a girar, ao redor de uma ilha, durante três meses. Não o pudera evitar. Os homens ainda tinham dinheiro e ele ainda tinha rum. Nessa noite, estava triste por causa dos tonéis de bebidas consumidos sem que as moedas lhe cantassem no balcão. Isso, para ele era absurdo e pernicioso.

Henry Morgan permanecia, sozinho, na Sala da Audiências, ouvindo, ao longe, a tumultuosa música da dança. Durante todo o dia, grupos de homens entraram, carregando tesouros retardatários, desenterrados ou retirados das cisternas por meio de ganchos de ferro. Uma velha engolira um diamante, para o esconder, mas os pesquisadores tanto o procuraram que acabaram por o encontrar.

Agora a Sala de Audiências estava envolta num crepúsculo cinzento. Todas essas horas ali ficara sentado na alta cadeira, e o pensamento fora-o trabalhando. Seus olhos, aqueles olhos perscrutadores que observavam o horizonte da vida, tinham-se tornado introspectivos. Estivera olhando para dentro de si mesmo, perplexamente, observando Henry Morgan. No decorrer de sua vida e de suas aventuras, acreditava tão completamente em seu objetivo, fosse qual fosse o momento, que poucos pensamentos reservava para este assunto. Hoje, porém, examinara-se a si mesmo, e à hora do crepúsculo estava perplexo com o Henry Morgan que vira. Este personagem não lhe parecia um herói e até mesmo carecia de importância. Aqueles desejos e ambições por cuja causa andara pelo mundo como um perdigueiro, pareciam-lhe vis e inexplicáveis como o crepúsculo que o envolvia na Sala de Audiência.

A enrugada aia entrou e parou à sua frente. Sua voz parecia um amarrotar de papel:

— Minha ama deseja falar-lhe.

Uma vela ardia à frente da imagem, na parede. A santa parecia uma gorda camponesa espanhola segurando uma criança bochechuda, para a qual olhava com triste admiração. Seu autor imaginava ter-lhe transmitido ao rosto uma certa reverência, mas decerto tinha muito pouca prática da reverência. De qualquer modo, fora bem sucedido ao pintar um bom retrato de sua mulher e seu filho. O quadro rendera-lhe quatro "reales".

Izabel estava sentada por debaixo da imagem. Quando o capitão Morgan entrou, foi imediatamente ao seu encontro.

— Dizem que vou ser resgatada?

— Seu marido mandou um emissário.

— Meu marido? Então vou voltar para ele? Para as perfumadas mãos?

— Provavelmente.

Ela indicou uma cadeira e obrigou Henry a sentar-se.

— O senhor não me compreendeu. Não podia ter-me compreendido. O senhor precisa conhecer alguma coisa da vida que tenho levado. Necessito contar-lhe; depois então me compreenderá...

Esperou que ele demonstrasse algum interesse mas Henry conservava-se silencioso.

— Quer ouvir-me?

— Pode dizer.

— Bem, a história é curta. Minha vida também não é longa. Mas desejo que me compreenda, e depois...

Olhava-o com ansiedade. A boca de Henry estava retorcida, como num esgar de sofrimento. Seus olhos erravam sem nada ver. Não fez nenhum comentário à pausa.

— Nasci aqui no Panamá, — começou ela — porém meus pais mandaram-me para a Espanha quando eu era ainda criança. Vivi num convento, em Córdoba. Usava vestidos cinzentos e ficava rezando diante da virgem nas minhas noites de vigília. Às vezes adormecia quando devia estar rezando, e sofri castigo por causa disso. Alguns anos depois, os "bravos" invadiram as plantações de meu pai, aqui no Panamá, e mataram toda a minha família. Fiquei sozinha e triste. Durante muito tempo, dormi no chão, diante da virgem. Soube que crescia bonita quando um Cardeal, que certa vez esteve em visita ao colégio, olhou para mim e seus lábios tremeram e suas grandes veias da mão estufaram quando lhe beijei o anel. Disse-me ele: "A paz seja contigo, milha filha. Há alguma coisa que desejes confessar-me particularmente?"

"Eu ouvia os pregões dos vendedores de água através da parede e os tumultos das rixas. Uma vez dois homens lutaram com espadas à minha vista, pois eu estava trepada numa árvore e olhava por sobre o muro. Certa noite um rapaz trouxe uma moça para a sombra do portão e deitou-se com ela a menos de dois passos de mim. Ouvi-os suspirarem juntos, ela protestando os seus temores e ele animando-a. Eu acariciava a minha túnica cinzenta e imaginava se aquele rapaz faria as mesmas súplicas, caso me conhecesse. Quando contei este episódio a uma das irmãs, ela disse-me: "É pecado ouvir essas coisas, e maior pecado ainda pensar nelas. Você deve penitenciar-se por causa dos seus ouvidos curiosos. Qual foi o portão onde se passou isso?"

"O peixeiro gritava: "Venham, anjinhos cinzentos, e olhem para a minha cesta de pescado! Saiam dessa prisão sagrada, anjinhos cinzentos!"

"Uma noite saltei o muro e fugi da cidade. Não desejo falar-lhe das minhas viagens, mas apenas do dia em que cheguei a Paris. O Rei ia cavalgando pelas ruas e seu séquito era brilhante e dourado. Ergui-me na ponta dos pés, por sobre a massa do povo, e vi os cortesãos cavalgarem. Subitamente uma face escura surgiu à minha frente e uma forte mão segurou-me o braço. Fui arrastada para longe da multidão.

"Veja, capitão, açoitou-me com uma dura correia de couro, que possuía especialmente para esse fim. Sua face tinha qualquer coisa do semblante das feras, boiando à superfície, mas era livre, um ladrão livre e audacioso. Matava antes de roubar; matava sempre. Vivíamos pelos portais, no chão das igrejas, sob os arcos da pontes, mas éramos livres, livres de pensamentos e livres de temores e preocupações. Um dia, porém, abandonou-me e fui encontrá-lo pendurado pelo pescoço num forca, uma grande forca cheia de homens pendurados pelo pescoço. Pode compreender isso, capitão? Compreende a vida que eu levava? E realmente nada significa para você?

Os olhos da mulher chispavam.

— Voltei para Córdoba. Meus pés estavam feridos e tinha o diabo no corpo. Fui exorcizada mas o diabo estava profundamente arraigado em mim. Compreende isso, capitão?

Olhou o rosto de Henry e compreendeu que ele não estivera ouvindo. Pôs-se a seu lado e passou-lhe os dedos pelos cabelos embranquecidos.

— Está muito mudado! — disse ela. — Falta-lhe vida. Que medo se apoderou de você?

O homem estremeceu:

— Não sei.

— Contaram-me que matou seu amigo. É isso que o atormenta?

— Matei-o.

— E lamenta-o?

— Não sei. Talvez. Creio que lastimo ainda mais outra coisa que morreu. Ele era metade da minha vida, e sua morte deixa-me somente em meio. Hoje senti-me como um escravo liberto sobre uma pedra de mármore branco, com os vivissectores a meu lado. Supunha-me um escravo robusto, mas os escalpelos revelaram-me portador de uma moléstia chamada mediocridade.

— Lamento muito — disse ela.

— Lamento muito? Por quê?

— Lamento muito porque acho que o senhor perdeu a sua vida, porque a criança valente e selvagem que existia em você, morreu; a criança jactanciosa, que zombava e pensava que as suas zombarias abalavam o trono de Deus; a criança que generosamente confiante, permitia a todo o mundo acompanhá-la através do espaço. Essa criança está morta e é por isso que lamento. Iria com você se julgasse possível dar novamente vida à criança.

— É estranho. Há dois dias planejava arrancar o mundo da ordem estabelecida e presenteá-lo com uma capital de ouro para a senhora. Construí, na imaginação, um império para você e até concebi o diadema que usaria. Agora, só vagamente recordo a pessoa que imaginou essas coisas. E quanto a você... sinto apenas um leve desassossego por sua causa. Já não a temo. Já não a desejo. Sinto uma profunda nostalgia das minhas montanhas negras e da fala do meu próprio povo. Tenho desejos de sentar-me numa larga varanda e ouvir a conversa de um velho que conheci. Sinto que estou cansado destas matanças e dessas lutas por coisas efêmeras, por tratados que em minha mão não possuem nenhum valor. É horrível! — gritou. — Nada mais quero. Não tenho mais desejos e minhas aspirações feneceram. Tenho apenas um vago desejo de paz e de tempo para meditar sobre as coisas imponderáveis.

— Não tornará a conquistar taças de ouro — disse ela. — Não mais sonhará conquistas impossíveis. Deploro-o muito, capitão Morgan. E não está certo a respeito do escravo. Ele está realmente doente, mas não tem a moléstia que o senhor mencionou. Creio que os seus pecados são muito grandes. Todo aquele que quebra os grilhões da mediocridade comete pecados horrendos. Pedirei por você no reino dos céus. Mas que vai ser feito de mim?

— Suponho que voltará para a companhia de seu marido.

— Sim, voltarei. O senhor envelheceu-me. Desfez o sonho sobre o qual meu espírito flutuava. E estou pensando se no futuro me culpará pela morte de seu amigo.

Henry corou repentinamente.

— Estou tentando alguma coisa parecida com isso. Já não me parece digno mentir e isso é mais uma prova de que a minha juventude está morta. E agora adeus, Izabel. Desejaria tê-la amado, como pensava ontem. Volte para as mãos perfumadas de seu marido.

Ela sorriu e ergueu os olhos para a imagem pendente na parede.

— A paz seja contigo, tolo querido! Parece-me que também perdi a minha juventude. Sou velha, velha, porque não posso consolar-me ao pensar no que perdeste.

VIII

Henry Morgan, à entrada da Sala de Audiências, observava a pequena tropa de espanhóis que vinha cavalgando em direção ao Palácio. Estava cercada, de todos os lados, por uma multidão de bucaneiros. O mais saliente era o emissário, mas um emissário mudado. Agora vinha vestido de seda escarlate, e a pluma do seu chapéu e a bainha da sua espada eram brancas, em sinal de paz. Atrás dele vinham seis soldados com couraças de prata e elmos espanhóis, semelhantes a meias sementes de mostarda. O último soldado puxava uma égua desmontada, ajaezada com arreios carmezins e um punhado de guizos dourados na cabeça. Brancas mantas de seda quase tocavam o chão. Atrás da égua vinham seis mulas carregadas de sacos de couro e o grupo era escoltado por mais seis soldados.

A cavalgada estacionou em frente ao palácio. O emissário saltou da sua montaria e inclinou-se diante de Henry Morgan.

— Aqui trago o resgate — disse.

Parecia preocupado e cansado. A responsabilidade da missão parecia pesar-lhe demasiadamente no espírito. A uma ordem sua, os soldados conduziram os sacos de couro para a Sala de Audiências, e só quando todos estavam ali depositados a ansiedade abandonou o rosto do emissário.

— Eis aqui. É o resgate. Vinte mil peças de ouro e nenhuma perdida pelo caminho. Pode conferi-las, senhor. — Sacudiu a poeira dos pés. — Se meus homens pudessem refrescar-se com um pouco de vinho, senhor...

— Sim, sim. — Henry dirigiu-se a um dos bucaneiros. — Providencie para que estes homens tenham alimento e bebida. Seja cortês, se é que tem amor à vida.

Encaminhou-se para os sacos a fim de conferir o resgate. Ia erguendo pequenas torres de moedas que alinhava no chão. O dinheiro é reluzente, pensou. E não podia ser cunhado de melhor forma. Um quadrado poderia não satisfazer, nem uma elipse, e o ouro era realmente o mais precioso dinheiro. Derrubava uma torre e tornava a erguê-la. Era verdadeiramente dinheiro. Sabia-se de antemão o que faria, se posto em ação; alcançava um determinado ponto e além desse ponto não importava o que acontecesse. Com dinheiro, podia-se comprar vinho. Alguém tinha o vinho. Se o empregado ou o mercador o matasse por causa das moedas, seria infelicidade, talvez, destino ou qualquer outra coisa; mas de qualquer modo alguém possuía o vinho.

Todo esse monte de vasos, cruzes, candelabros e paramentos bordados a pérolas poderiam transformar-se em dinheiro como esse. A barras de ouro e prata seriam cortados em placas redondas e, em cada placa, cunhada uma efígie. A efígie seria muito mais do que uma simples figura. Como o beijo de um santo, outorgaria poder à pequena placa. A efígie dar-lhe-ia uma personalidade, uma atração arrebatadora. Juntou as moedas num monte, e pacientemente sentou-se perto para reconstruir as torres, muitas torres como as de Jerusalém.

Izabel, vinda do pátio, deteve-se ao lado dele:

— Que quantidade de dinheiro! É o meu resgate?

— Sim; é o ouro que lhe restitui a liberdade.

— Mas que enorme quantidade! Acha que valho tanto?

— Para seu marido deve valer. Pagou-o espontaneamente. Alinhou uma dez torres.

— E para o senhor, quanto valho? Quantas dessas rodelinhas douradas?

— A senhora teve esse valor para mim. Estabeleci o preço.

— Como seria bom atirá-las na água! — disse ela. — Como haveriam de saltar! Sabe que posso atirá-lo como um rapaz, com o braço encurvado?

— Disseram-me que era capaz.

— Mas terei realmente esse valor?

— O dinheiro está aqui e a senhora vai partir. Foi com isso que a compraram. Um objetivo deve ter o valor que se pede por ele, ou então não haveria comércio.

— É bom. — Acrescentou ela. — É confortante saber-se o valor de alguém em "reales". Tem alguma idéia do seu próprio valor, capitão?

Henry Morgan respondeu:

— Se eu por acaso fosse capturado e pedissem uma soma pelo meu resgate, ninguém daria por mim uma moeda de cobre. Esses cachorros que me acompanham, ririam e encolheriam os ombros. Um novo capitão apareceria para os comandar e eu ficaria à mercê dos meus captores. Não é difícil avaliar o prazer que eles teriam com isso. Sabe, nos últimos dias, estive dando um balanço dos meus méritos. Devo ter algum valor para os historiadores porque destruí muitas coisas. O construtor da catedral do Panamá já foi esquecido, mas eu, que a queimei, serei lembrado durante cem ou mais anos. Isso significa alguma coisa para o gênero humano.

— Mas que haverá em mim que tenho tanto valor? — insistiu ela. — Serão acaso os meus braços? O meu cabelo? Ou serei a encarnação da vaidade de meu marido?

— Não sei, — respondeu Henry. — Com a nova avaliação de mim mesmo, todo o sistema econômico das emoções foi alterado. Hoje, sendo eu que peço um resgate, talvez a senhora não se sinta lisonjeada.

— Odeia-me, capitão Morgan?

— Não, não a odeio; mas a senhora é uma das estrelas do meu firmamento que demonstrou ser apenas um meteoro.

— Isso não é gentil, senhor. Está muito longe da sua amabilidade de há dias — observou chocada.

— Não, realmente não é gentil. Creio que para o futuro apenas duas coisas me obrigarão a ser gentil: dinheiro e posições. Tentei ser gentil pela simples e pura aparência das coisas. Antigamente era honesto comigo mesmo, e hoje também o sou, embora ambas essas honestidades sejam antagônicas.

— O senhor está amargurado.

— Não, não estou amargurado. Os alimentos de que se nutre a amargura já não existem para mim.

— Bem, vou partir — disse ela suave e cortesmente. — Nada tem a dizer a meu respeito? Nada mais a pedir-me?

— Nada — respondeu ele bruscamente, continuando a empilhar as moedas.

O emissário chegou da rua. Estava completamente bêbedo, porque o sentir-se aliviado da sua missão tornara-o alegre. Inclinou-se diante de Izabel e do Capitão Morgan, prudente e profundamente, preocupado com a correção da sua curvatura.

— Precisamos partir, senhor, — anunciou em alta voz. — O caminho é longo.

Acompanhou Izabel até a égua branca e ajudou-a a subir. A um sinal, seu a coluna moveu-se pela rua acima. Izabel ao partir olhou mais uma vez para trás, parecendo ter adquirido os modos de Henry Morgan, pois em seus lábios havia uma sorriso embaraçado. Inclinou a cabeça para o pescoço da égua, como que estudando-lhe atentamente a crina branca.

O emissário ficara na porta, ao lado de Henry e juntos observavam a linha dos cavaleiros que se agitavam, enquanto a luz do sol se refletia na couraça dos soldados. No centro do grupo, a égua branca parecia uma pérola num escrínio de prata. O emissário pôs a mão no ombro de Henry.

— Nós, homens de responsabilidade, entendemo-nos bem — disse ele arrastadamente. — Não somos crianças para ter segredos. Somos valentes e fortes. Podemos fazer-nos mútuas confidências. Pode dizer-me o que se passa bem no íntimo de seu coração, senhor?

Henry sacudiu a mão de seu ombro.

— Não tenho nada para dizer-lhe — respondeu asperamente.

— Ah! Nesse caso contar-lhe-ei alguma coisa. Talvez estranhe que o marido de Dona Izabel se tenha disposto a pagar por ela uma tão grande soma. Ela é apenas uma mulher, dirá o senhor. Há muitas mulheres que podem ser obtidas com maior economia, algumas por um ou dois "reales". Ele é um louco, dirá o senhor. Mas não, não é louco. Dir-lhe-ei o que se passa. O avô de Dona Izabel ainda vive e é o proprietário de dez minas de prata e cinqüenta léguas de terras férteis no Peru. Dona Izabel é herdeira. Se ela fosse assassinada ou raptada... o senhor compreende... a fortuna passaria às mãos do rei. — Riu diante da figura de seu raciocínio. — Nós nos compreendemos mutuamente, senhor. Possuímos cérebros fortes... mas moles cabeças de galinhas. Vinte mil moedas nada é em comparação com dez minas de prata. Sim, compreendemo-nos um ao outro, nós, homens de responsabilidade.

Saltou para a cela e partiu ainda rindo. Henry Morgan viu-o juntar-se à inquieta cavalgada, e ao pé da pérola, no escrínio de prata, havia agora um rubi.

O capitão Morgan voltou para o tesouro, sentou-se no chão e apanhou as moedas. "A mais humana das ações humanas é inconsequente", pensou. "É doloroso verificar isso, quase tão importante para um homem quanto a constatação da sua humanidade. E porque havemos de constatar a nossa humanidade? Embora nos loucos solilóquios da vida, sentia-me firmemente ancorado em mim mesmo. Perante as vacilações dos outros, sentia-me admiravelmente constante. Agora aqui estou seguindo uma tímida conduta, minha âncora parece ter-se perdido. Estou navegando ao redor de uma ilha em cujas águas não é possível lançar ferros". Deixou escorregar as moedas por entre os dedos. "Mas talvez este seja o ferro destinado à fabricação de uma nova âncora. É duro e pesado. Seu valor pode, por vezes, oscilar no pêndulo econômico, mas tem um objetivo e um único fim. É uma ilha segura, uma verdadeira âncora, a coisa única na qual um homem pode confiar. Suas garras prendem com firmeza o conforto e a segurança. E não há dúvida de que tenho um ardente desejo de possuir ambas essas coisas.

— "Contudo — argumentou uma parte do seu cérebro — outros homens têm direito a uma parcela desse ouro".

— "Não, minha querida consciência, agora não estamos mais representando. Estou vendo através de novas lentes que quase me foram amarradas em torno da cabeça. Agora tenho de olhar o mundo consoante o que me mostram essas lentes. Vejo que a honestidade aparente pode ser o degrau para um grande crime, a justificativa de uma dissimulação mais sutil. Esses homens são bastante despidos de qualquer respeito ao direito alheio para merecerem consideração. Assim como roubam, deixarão que o produto dos seus crimes seja roubado".

"Ora eu disse que não mais desejava evasões e fugas de consciência. Que tenho, portanto, agora a ver com o que é correto, razoável, lógico e outros problemas de consciência? Desejo este dinheiro. Desejo segurança e conforto, e em minhas mãos tenho aquilo com que poderei realizar essa ambição. Poderá não ser um ideal de juventude, mas creio ser o que se tem feito desde o princípio do mundo; e felizmente o mundo não é dirigido pela juventude. Além do mais, estes idiotas não o merecem. Jogá-lo-iam fora pelos lupanares, quando voltássemos para casa".

IV

Os bucaneiros abandonaram o arruinado Panamá, carregando o tesouro através do istmo, no dorso de mulas. Quando, por fim, alcançaram Chagres, estavam exaustos. Com certeza, o dia seguinte seria dedicado à divisão do butim. Para facilitar a divisão, todo o tesouro foi guardado num único navio, no grande galeão que outrora navegara sob o comando de um duque, antes de ser sido capturado pelos piratas. Aí seria dividido. O capitão Morgan estava de bom humor. A jornada findara, disse ele aos homens, e a ocasião era de contentamento. Mandou desembarcar na praia quarenta barrilotes de rum.

Na manhã seguinte um pirata sonolento abriu os olhos vermelhos e olhou para o mar. Verificou o local onde estivera ancorado o galeão, chamou seus camaradas e num instante a praia ficou coalhada de homens desapontados que perscrutavam atentamente o horizonte.

Os bucaneiros foram tomados de um furor demente. Dariam caça, perseguiriam o fugitivo e submeteriam Henry Morgan à tortura. Mas não poderiam persegui-lo: os outros navios estavam danificados. Uns encalhados na areia com grandes rombos nos costados, outros com os mastros decepados, inteiramente inúteis.

Houve na praia maldições e cenas de violento desespero. Juraram unir-se todos para a vingança, que planejaram horrorosa. Depois dispersaram. Alguns morreram de fome, outros foram agarrados pelos índios, os espanhóis estrangularam alguns e a Inglaterra, puritanamente, enforcou os restantes.

Capítulo V

I

Uma garrida onda humana apinhava-se na praia de Port Royal. Tinha vindo para ver o Capitão Morgan, que saqueara o Panamá. Senhoras de alta distinção, vestidas de seda da China, estavam ali porque afinal Henry Morgan provinha de boa família — era sobrinho do infeliz Tenente-Governador que fora assassinado. Os marinheiros, porque ele era um marinheiro; os rapazinhos, porque era um pirata; as mocinhas, porque era um herói; os negociantes porque era rico, e os escravos porque para eles era um feriado. Havia prostitutas de lábios pintados com sumo de amora, perquirindo as faces dos homens que estavam sozinhos, e mocinhas cujos corações abrigavam a secreta esperança de que esse grande homem as olhasse, e encontrasse em seus olhos a compreensão que naturalmente andava procurando.

Entre a multidão, havia marinheiros cujo único orgulho residia no fato de terem ouvido Henry Morgan blasfemar, alfaiates que já tinham confeccionado calções para as suas pernas. Cada homem que vira ou ouvira Henry Morgan, era alvo de um grupo de curiosos. Estes felizardos partilhavam da atenção geral por causa do que tinham visto ou ouvido.

Os escravos negros, livres dos trabalhos do campo nesse dia de regozijo e excitação, contemplavam com olhos enormes e vazios o galeão que ia entrando no porto. Proprietários de plantações vagueavam entre a

203

turba, repetindo baixinho o que diriam a Henry Morgan quando o convidassem a jantar, ou o que lhe chamaria a atenção. Falavam dele fácil e descuidadamente, como se nunca tivessem feito outra coisa do que manter relações com salteadores do Panamá. Certos taverneiros tinham aberto, na praia, pipas de vinho, que davam gratuitamente a quem o pedisse. Seu lucro viria depois, com a sede que estavam provocando.

Num pequeno molhe estacionava o séquito do Governador, elegantes jovens com laços e fivelas de prata, escoltados por um pelotão de lanceiros para lhes dar aparência oficial. O mar beijava a praia com suaves e delicadas ondas. A manhã já ia alta e o sol brilhava cruamente, mas ninguém sentia calor; o povo não tinha olhos ou sensações para outra coisa que não fosse o galeão que deslizava pelo porto.

Chegara a tarde quando Henry Morgan, que estivera observando a praia com um óculo, decidiu aportar. Sua demora em desembarcar não provinha da vaidade, mas é que durante a noite um pequeno bote encostara ao seu navio com a notícia de que talvez o prendessem por ter lutado com os inimigos do Rei. Henry achava que a opinião pública penderia para o seu lado, e durante toda a manhã vira a opinião pública crescer à medida que a multidão parecia cada vez mais excitada.

O escaler foi baixado e os marinheiros tomaram seus lugares. Quando se aproximava da terra, a multidão prorrompeu em aplausos, num cadenciado clamor de vivas. O povo atirava os chapéus, saltava, dançava, pilheriava. No molhe estendiam-se mãos para o segurar antes dele saltar do escaler, e imediatamente depois que pisou terra, os lanceiros formados em torno do grupo oficial, com as armas baixadas, iam forçando uma estreita passagem por entre os espectadores excitados e barulhentos.

Henry olhou apreensivamente para os soldados que o cercaram.

— Estou preso? — perguntou ao oficial que ficou a seu lado.

— Preso? — exclamou o homem rindo. — Não! Não poderíamos prendê-lo, nem que o desejássemos. A multidão nos faria em pedaços. E se o conseguíssemos, demoliriam as paredes da cadeia para o libertarem. O senhor não sabe o que representa para este povo. Há dias que não se fala noutra coisa senão na sua chegada. Mas o Governador deseja vê-lo imediatamente. Por razões compreensíveis não pôde vir em pessoa.

Chegaram à mansão do Governador.

— Capitão Morgan — disse o Governador Moddyford quando ficaram sozinhos, — não sei onde minhas notícias são boas ou más. A nova da sua conquista chegou aos ouvidos do Rei e temos ambos ordem de partir imediatamente para a Inglaterra.

— Mas eu tinha um propósito aqui — objetou Henry.

A cabeça e os ombros do Governador sacudiram-se numa negativa conformada.

— Se eu fosse o senhor, Capitão, não mencionaria neste momento qualquer propósito, mesmo que eu próprio o tivesse ordenado. Há causas no seu propósito que nos podem atrair críticas. Não sei, não sei... A verdade é que há paz entre a Inglaterra e a Espanha. A situação não parece muito cômoda. O Rei está aborrecido conosco, mas julgo que alguns milhares de libras, distribuídas nos locais convenientes, poderão aplacá-lo. Mas o povo inglês está muito satisfeito com a conquista. Não se preocupe, capitão, como eu também não me preocupo.

Olhou com esperteza para os olhos de Henry.

— Espero que possa distribuir esses poucos milhares de libras quando chegar a ocasião.

Henry disse em tom oficial:

— Tentei servir o espírito e os desejos do meu soberano, e não o jogo exterior da sua política. — Depois de uma pausa, acrescentou: — Certamente, Sir Charles, possuo o suficiente para comprar a boa vontade do Rei, embora me custe meio milhão. Dizem que o Rei é um bom homem e aprecia as mulheres bonitas, e eu nunca conheci pessoa dessa espécie que não precisasse de dinheiro.

— Há outra coisa, capitão — tornou o Governador inquieto. — Seu tio foi assassinado há algum tempo, e a filha dele está aqui em minha casa. Sir Edward, quando morreu, estava quase na miséria. O senhor compreende que temos a melhor boa vontade em conservá-la sempre conosco, mas creio que ela não se sente completamente feliz. Talvez a irrite o pensamento de estar vivendo à sombra do que ela julga a nossa caridade. Naturalmente, o senhor olhará pelo bem-estar da moça. Sir Edward morreu nobremente e foi agraciado pelo Rei, mas, afinal, as comendas da Coroa não sustentam ninguém.

Henry sorriu.

— Meu tio deve ter morrido nobremente. Estou certo de que executou todos os atos da sua vida, sim, até o cortar das unhas, como se todos o estivessem observando de crítica afiada. Como morreu ele? Fazendo uma oração curta e fervorosa, ou com os finos lábios severamente comprimidos, como se, por motivos sociais, desaprovasse a morte? Oh, que homem! Sua vida foi um contínuo desfilar de satisfações e ele tinha a consciência disso. — Acrescentou risonhamente — Eu o odiava. Creio que ele me assustava. Era uma das poucas pessoas que eu temia. Mas diga-me, como morreu?

— Murmura-se que gemeu um pouco. Eu fui seguindo o rumor e concluí que certo criado se escondera atrás de uma cortina. Com certeza foi ele que contou isso.

— É mau, muito mau! É lamentável! Arruinar-se uma vida perfeita por causa de um gemido. Mas agora não o receio mais. Se gemeu foi porque era humano e frágil. Detestava-o, mas agora estimá-lo-ei por isso. Quanto à minha prima, cuidarei de seu futuro, pode estar certo. Tenho a vaga lembrança de uma mocinha alta, de cabelos amarelos, uma mocinha que, por sinal, tocava harpa pessimamente. Pelo menos, soava-me muito mal, embora tocasse bem.

Moddyford abordou o assunto que desejava.

— Ouvi dizer que o senhor encontrou, no Panamá, "La Santa Roja" e a trocou por um resgate? Como sucedeu isso? Era considerada a pérola da terra!

Henry corou.

— Ora — respondeu. — Acho que a lenda a favoreceu muito. Tinha boa aparência, naturalmente, e não digo que muitos homens não ficassem impressionados com ela. Mas não pertencia ao tipo que pessoalmente admiro. Era demasiado livre, e seu modo de falar, em minha opinião, carecia de uma certa feminilidade. Montava a cavalo e jogava a espada como um homem. Enfim, não possuía a modéstia que costumamos admirar nas mulheres bem educadas.

— Mas sendo uma senhora... Naturalmente era uma senhora!

— Recebi por ela setenta e cinco mil peças de ouro. No meu entender, isso vale mais do que qualquer mulher nascida até agora.

— Que grande resgate! Mas como conseguia ela arranjar tanto dinheiro?

— Investigando, consegui saber que era uma grande herdeira. Como disse, tinha boa aparência, mas evidentemente a lenda a favoreceu.

Na mesma ocasião, em outro aposento, Lady Moddyford conversava seriamente com Elizabeth.

— Penso que tenho o dever de falar-lhe, minha querida, como se fosse sua mãe, como mãe que está cuidando do futuro de sua filha. Não há dúvida nenhuma de que seu primo cuidará de você. Mas será feliz desse modo? Apenas presa aos cordões da bolsa dele? Procure vê-lo por outro aspecto. Ele é rico, bem parecido. Compreenda, minha querida, que é difícil ser-se delicada neste assunto, nem sei se seria desejável mesmo que pudesse deixar de o ser. Por que não casa com seu primo? Ainda que nada mais acontecesse, seria a única mulher na terra a não poder criticar os parentes do marido.

— Que está me sugerindo, Lady Moddyford? — atalhou Izabel suavemente. — Não é crime desposar um primo?

— Absolutamente, minha querida. Não há nada, na Igreja ou no Estado, que o proíba, e eu, pessoalmente, estou disposta a auxiliar esse casamento. Sir Charles e seu primo receberam ordem de partir para a Inglaterra. Sir Charles é de opinião que poderá obter-lhe um título e, nesse caso, você passaria a ser Lady Morgan, e rica.

Elizabeth ponderou:

— Vi-o apenas uma vez, e por muito pouco tempo. Pela lembrança que me ficou, não o aprecio muito. Nessa ocasião, estava vermelho e excitado, mas mostrou-se muito respeitoso e gentil. Creio que desejava tornar-se meu amigo, mas meu pai... a senhora sabe como era meu pai. Talvez desse um bom marido...

— Minha querida, qualquer homem pode dar um bom marido se, após o casamento, for devidamente cuidado.

— Sim, talvez seja esse o melhor caminho. Estou cansada de lamentações por causa da minha pobreza. Mas, agora que está tão popular, acha que me notaria? Pode ser orgulhoso demais para desposar uma prima pobre.

— Querida Elizabeth — disse Lady Moddyford com firmeza — não sabe que qualquer mulher pode desposar qualquer homem, uma vez que não ocorra a interferência de outra mulher? Arranjarei os meios para que ninguém se interponha em seu caminho. Pode confiar em mim para isso.

Elizabeth resolveu-se.

— Sim, tocarei para ele. Ouvi dizer que a música sensibiliza esses homens ferozes. Tocarei para ele minhas novas peças "O Concurso dos Anões" e "Deus Auxilia a Alma Cansada a Repousar".

— Não, — interrompeu Lady Moddyford — em seu lugar, eu não faria isso. Ele pode não gostar de música fina. Há caminhos melhores.

— Mas a senhora disse que essas peças eram muito lindas; a senhora mesma o disse. E eu também li que a música abranda os homens, de modo a dificilmente a suportarem sem chorar.

— Muito bem, minha querida; toque então, se o desejar. Essas coisas podem acontecer em família — o amor, quero dizer. Naturalmente, compreende, você deve admirá-lo e ao mesmo tempo temê-lo. Faça-o sentir que você é uma criaturinha pobre e desamparada, completamente cercada por tigres. Mas deve fazê-lo a seu próprio modo. Você tem um bom princípio, pode apelar para ele a fim de que a proteja. Não sei o que poderíamos fazer sem proteção. Quando Sir Charles se declarou a mim, o pobre querido estava assustado com o início da sua vida. Uma tarde, sentamo-nos num banco e eu procurava ansiosamente na paisagem alguma coisa que me assustasse. Devemos ter ficado ali mais de três horas, antes que uma pequena cobra d´água aparecesse no caminho e me atirasse, aterrorizada, em seus braços. Sir Charles mantinha, no jardim, um homem procurando cobras. Você sabe como sempre gostei de cobras. Tinha três para acariciar, quando era mocinha.

Na manhã seguinte, Lady Moddyford colocou-os juntos e, logo que pôde, muito graciosamente, deixou-os sozinhos.

Elizabeth olhou temerosa para o primo.

— Você fez, no mar, coisas maravilhosas e terríveis, Capitão Morgan, o suficiente para se ficar gelada à simples idéia delas — disse Elizabeth gaguejando.

— Não foram grandes coisas, nem terríveis. Nada é tão bom ou tão mau como falar delas.

Henry pensou consigo:

"Eu estava enganado a respeito dela, muito enganado. Na realidade não é arrogante. Com certeza foi o pai dela, o diabo, que me fez ter má impressão de moça. É até bem bonita".

— Estou certo de que foram grandes façanhas, mas sua modéstia não lhe permite admiti-lo — dizia com afetada timidez. — Sabe, eu costumava tremer ao ouvir o que contavam a seu respeito e fazia votos para que não tivesse dificuldade nem complicações.

— É? Por quê? Nunca pensei que se lembrasse de mim.

Os olhos dela encheram-se de lágrimas.

— Eu também tive aborrecimentos.

— Bem sei. Falaram-me dos seus aborrecimentos e sofri muito por sua causa, prima Elizabeth. Espero que me permita ajudá-la em suas atribuições. Não quer sentar-se aqui a meu lado, Elizabeth?

A moça olhou-o timidamente.

— Tocarei para você, se gosta de música — disse ela.

— Sim, sim, toque.

— Vou executar "O Concurso dos Anões". Preste atenção. Pode ouvir os pezinhos deles sapateando na grama. Todos dizem que é muito doce e muita linda.

Seus dedos feriram metodicamente as cordas. Henry achou-lhe lindas as mãos, e à força de as observar esqueceu-se da música. Assemelhavam-se a pequenas lançadeiras brancas, finas e incansáveis. Hesitaria em tocálas no receio de as magoar, embora experimentasse o

210

desejo de as prender nas suas. A peça findava com lentos acordes baixos. Terminou. Quando cessou a vibração da última nota, ele disse:

— Você toca muito bem, Elizabeth.

— Oh, toco as notas conforme elas estão escritas. Sempre achei que o compositor conhece o seu ofício melhor de que eu.

— Compreendendo e é confortante ouvi-la. É bom saber que tudo está nos devidos lugares, até as notas. Você pôs de lado uma certa nociva intimidade que notei no modo de tocar de outras jovens. Essa qualidade é, decerto, muito louvável, espontânea e humana, mas conduz ao descuido, ao desinteresse da paixão. À proporção que me vou tornando mais velho, vou ficando satisfeito por ver acontecerem as coisas que já esperava. A incerteza é perturbadora. A aventura já não me atrai mais como dantes. Eu era um tolo, Elizabeth. Viajava e navegava em busca de alguma coisa que provavelmente não existia. E, agora que sacudi de mim esses indistintos desejos, posso não ser mais feliz, mas há em mim maior contentamento.

— Isso afigura-se-me judicioso, humano e um pouco cínico — disse ela.

— Mas é sabedoria, sabedoria e experiência colhidas em toda a parte por um cérebro metódico, seguindo as meadas. Doutra forma, como poderia eu ser humano? O cinismo é o musgo que uma pedra em movimento colhe.

— Isso é inteligente — acrescentou ela. — Suponho que conheceu um grande número de moças, como sugeriu há pouco.

— Que moças, Elizabeth?

— Aquelas que tocavam mal.

— Ah, sim! Conheci algumas.

— E apreciou-as?

— Tolerei-as, porque eram amigas de meus amigos.

— Nenhuma se apaixonou por você? Sei que não estou sendo discreta, mas você é meu primo, quase meu irmão...

— Algumas pessoas falaram nisso, mas suspeito que desejavam o meu dinheiro.

— Oh, talvez não! Mas vou tocar outra vez para você. Agora executarei "Deus Auxilia a Alma Fatigada a Repousar". Penso que é melhor ter seriedade com as músicas mais brilhantes.

— Sim — respondeu ele, — é verdade.

Novamente os dedos da moça tangeram as cordas.

— É muito bonita e triste — disse Henry quando ela terminou. — Gostei muitíssimo; mas não acha, Elizabeth, que a sexta corda a contar do fim pode ser um pouco mais esticada?

— Oh, eu não tocaria nessa corda por coisa alguma deste mundo! — exclamou ela. — Antes de sairmos da Inglaterra, meu pai tinha um homem, um harpista encarregado de examinar todas as cordas. Não me sentiria fiel a meu pai se qualquer coisa fosse modificada. Ele odiava as pessoas que modificavam as coisas.

Ficaram silenciosos após essa explosão, mas por fim a moça olhou suplicante para o homem.

— Você não está aborrecido comigo por causa da corda, não, primo Henry? Acho que possuo opiniões muito firmes, mas posso modificá-las.

— Não, absolutamente não estou aborrecido — disse ele, vendo-a tão pequenina e desprotegida.

— Para onde irá você, agora que está rico, famoso e coberto de glórias?

— Não sei. Desejo viver numa atmosfera de segurança.

— É precisamente o que eu pensava, — exclamou ela. — Deve haver, entre nós, muitos pontos de contato. As coisas vão ao seu encontro, sem que as procure, e eu quase sempre sei o que me vai acontecer, porque o desejo e fico esperando.

— Realmente — disse Henry.

— A morte de papai foi um grande choque — continuou ela, e novamente seus olhos se encheram de lágrimas. — É terrível ficar assim sozinha, sem parentes e quase sem amigos. Naturalmente os Moddyford têm sido gentilíssimos comigo, mas nunca os poderia considerar como a minha própria gente. Oh, querido! Tenho vivido tão solitária! Fiquei contente com a sua chegada, primo Henry, apenas porque tem o mesmo sangue que eu.

Os olhos da moça brilhavam por efeito das lágrimas e seu lábio inferior tremia violentamente.

— Você não deve chorar — disse Henry com brandura. — Não precisará preocupar-se mais, Elizabeth. Tomarei, agora, sobre os meus ombros os seus aborrecimentos. Cuidarei de você. Imagino como deve ter sofrido! Teve muito valor para conservar-se altiva quando a miséria tentava abater-lhe o espírito.

— Eu tinha a minha música. Podia refugiar-me na minha música quando a aflição era muito grande.

— Mas agora, Elizabeth, não precisará nem mesmo fazer isso. Quando eu partir para Inglaterra, irá comigo, e a meu lado estará confortavelmente segura para sempre.

Ela afastou-se, com ar de estranheza.

— Mas que está sugerindo? Que está me propondo? — gritou. — Não é pecado, não é um crime o casamento entre primos?

— Casamento?

— Oh! — exclamou ela. Ficou muito corada e seus olhos tornaram a brilhar, cheios de lágrimas. — Estou envergonhada. Você decerto não queria aludir a casamento, não é? Estou envergonhada.

O estado de agitação em que ficou, dava pena.

"Afinal, por que não? — pensou Henry. — Ela é bonita, conheço a sua família e, além disso, é quase o símbolo de segurança que tenho estado implorando. Se fosse minha esposa, eu poderia ter a certeza de não cometer excessos. E de resto — concluiu — não posso realmente continuar a deixá-la sofrer".

— Mas, naturalmente — disse em voz alta — que o casamento estava subentendido em minhas palavras! Que outra coisa pensou que eu pudesse insinuar? Sou muito rude e grosseiro e não sei exprimir-me bem. Assustei-a e magoei-a. Mas, querida Elizabeth, não há nisso crime ou pecado. Há muitos primos que se casam. Sabemos tudo a respeito um do outro e nossa família é uma só. Você deve casar comigo, Elizabeth. Na realidade, eu a amo, Elizabeth!

— Oh, oh! — gaguejava a moça. — Nem posso pensar nisso. Estou doente. Quero dizer, minha cabeça está girando! Você age tão depressa, Henry, tão inesperadamente! Por favor, deixe-me sair. Preciso falar com Lady Moddyford. Ela me aconselhará sobre o que devo fazer.

II

O Rei Carlos II e John Evelyn estavam sentados numa pequena biblioteca. Um fogo vivo crepitava na lareira, projetando a sua luz nos livros que cobriam as paredes. Sobre uma mesa, ao lado dos dois homens, havia garrafas e copos.

Concedi-lhe um título esta tarde — ia dizendo o Rei. — Dei-lhe o perdão e o título a troco de duas mil libras.

— Bem, duas mil libras... — murmurou John Evelyn. — Qualquer lojista se sentiria feliz com esse título.

— Mas não é isso, John. Eu poderia ter obtido vinte mil. Ele roubou um milhão no Panamá.

— Ah, bem! Duas mil libras...

— Determinei que ele viesse aqui esta noite — continuou o Rei. — Esses marinheiros e piratas, às vezes, têm uma ou duas histórias que vale a pena ouvir. Você ficará desapontado com o homem. É um grosseiro — não creio que haja outra palavra para o designar. Tem-se a impressão de ter diante de nós uma massa bruta. Caminha como se empurrasse à sua frente a própria prisão.

— Pelo menos, podia-se ter criado um título — continuou John Evelyn. — É uma prodigalidade excessiva deixar escapar um milhão sem ao menos tentar retê-lo.

Sir Henry Morgan foi anunciado.

— Entre, Sir, entre!

O Rei percebeu que tinha um copo na mão. Morgan parecia amedrontado e o Rei bebeu o vinho.

— Bom trabalho fez no Panamá — observou o Rei. — Era melhor tê-lo queimado logo, pois não há dúvida de que seremos obrigados a fazê-lo mais tarde.

— Pensei nisso quando acendi a tocha, Sir. Esses porcos espanhóis desejam dominar o mundo.

— O senhor sabe, Capitão, a pirataria, ou, para ser mais brando, o livre despojo, tem sido uma instituição tão boa para nós quanto má para a Espanha. Mas essa instituição está se tornando um incômodo. Gasto a metade do meu tempo apresentando desculpas ao embaixador espanhol. Vou, portanto, comissioná-lo como Tenente-Governador da Jamaica.

— Oh, Sir!

— Nada de agradecimentos. Estou agindo de acordo com a verdade de um adágio. A pirataria precisa ter agora um fim. Esses homens fizeram guerrilhas durante muito tempo.

— Mas, Sir, eu mesmo fui um pirata. Como hei-de agora mandar enforcar meus próprios homens.

— Foi o que resolvi, Sir. Quem melhor do que o senhor, que lhes conhece todas as tocas, poderá seguir-lhes os rastros?

— Lutaram a meu lado, Sir.

— Ah, questão de consciência! Ouvi dizer que o senhor era capaz de fazer tudo o que agradasse à sua consciência.

215

— Mas não é consciência, Sir. É piedade.

— A piedade é tão imprópria num funcionário público como num ladrão. Um homem deve fazer o que é mais proveitoso. O senhor mesmo demonstrou duas destas premissas. Deixe-nos apreciar, agora, o seu trabalho na terceira — fez o Rei com secura.

— Estou pensando se me é possível.

— Está pensando? Então é possível — interveio John Evelyn.

As maneiras do Rei modificaram-se.

— Venha beber! — disse ele. — Precisamos viver e cantar. Conte-nos uma história, capitão, e vá bebendo enquanto isso. O vinho dá brilho e pimenta a uma boa narrativa, a uma história verdadeira.

— Uma história, Sir?

— Sim, alguma história das raparigas das colônias; algum ligeiro entreato da pirataria, porque eu tenho a certeza de que o senhor não pilhou apenas ouro.

Deu ordem ao criado para que mantivesse cheio o copo de Henry.

— Ouvi falar de certa mulher do Panamá — continuou o Rei. — Diga-nos alguma coisa sobre ela.

Henry esvaziou o copo. Seu rosto começava a ficar vermelho.

— Sim, realmente há uma história sobre ela — começou Henry. — Era bonita e também uma grande herdeira. Confesso que a protegi. Era a herdeira de umas minas de prata e o marido oferecia cem mil peças de ouro pelo seu resgate. Desejava assegurar, por meio dela, os seus direitos às minas. Este era o dilema, sire, e não sei o que faria qualquer homem na minha situação. Devia ficar com a mulher, ou com as cem mil peças?

O Rei inclinou-se para frente, na cadeira:

— E então? Depressa, como resolveu o caso?

— Fiquei no Panamá algum tempo mais, Sir. Que

teria feito Vossa Majestade em meu lugar? Fiquei com ambos. Talvez tenha conseguido até mais: não é impossível que meu filho venha a herdar as minas de prata.

— Precisamente o que eu teria feito! — exclamou o Rei. — O senhor fez muito bem. Era justamente o que eu teria feito. Foi inteligente, capitão. Um brinde ao capitão, como homem de vistas largas! Vejo que suas campanhas abrangem outros setores, além da guerra. Dizem que o senhor nunca foi vencido nas batalhas, capitão; mas diga-me, foi sempre batido no amor? É uma coisa rara, uma coisa fora do comum ver um homem admitir os seus próprios fracassos no amor. Isso é contrário a todo o instinto masculino. Outro copo, Sir, e conte-nos a sua derrota.

— Não por uma mulher, Sir, mas uma vez fui derrotado pela morte. Há coisas que nos queimam tanto a alma que a sua recordação nos acompanha por toda a vida. Vossa Majestade reclama uma história. Então, lá vai, à saúde de Vossa Majestade!

"Nasci no país de Gales, entre as montanhas. Meu pai era um cavalheiro. Certo verão, quando eu era rapaz, uma princesinha da França veio para as nossas montanhas, por causa do clima. Trazia uma pequena comitiva e era forte, incansável, inteligente e dispunha de alguma liberdade. Uma manhã, surpreendia-a banhando-se sozinha no rio. Estava nua e não parecia envergonhar-se disso. Uma hora depois, tal é o sangue apaixonado da sua raça, estava deitada em meus braços. Sir, em todas as minhas aventuras com as lindas mulheres que encontrei por esse mundo, nunca mais experimentei um prazer como aquele dos alegres dias de verão. Sempre que ela podia escapar, brincávamos nas colinas como pequenos deuses. Mas isso não bastava e desejávamos casar. Ela renunciaria às suas prerrogativas e iríamos viver em qualquer lugar da América.

"O outono chegou. Um dia ela disse: "Estão se preparando para me levar, mas eu não irei". No dia seguinte, não veio ver-me. À noite, aproximei-me da sua janela e ela jogou-me um bilhete: "Estou presa. Bateram-me".

"Fui para casa. Que havia de fazer? Não podia lutar com os fortes soldados que a guardavam. Muito tarde, nessa noite, houve gritos e batidas na porta. "Onde pode ser encontrado um médico? Depressa! A princesinha envenenou-se".

Henry ergueu os olhos. O Rei estava sorrindo ironicamente e John Evelyn tamborilava na mesa com os dedos.

— Foi então assim? Foi assim mesmo? — disse o Rei rompendo às gargalhadas.

— Ah, estou velho, muito velho! — lastimou-se Henry. — Tudo isso é mentira. Ela era apenas uma camponesa, filha de um aldeão.

Suas pernas vacilaram e ele encaminhou-se para a porta. A vergonha estava-lhe queimando as faces.

— Capitão Morgan, creio que se esqueceu da sua posição.

— Eu? Esqueci-me da minha posição?

— Sim, há certas pequenas cortesias. O costume determina certas cortesias em homenagem à nossa pessoa.

— Peço perdão, Sir. Suplico a Vossa Majestade permissão para partir. Estou... estou-me sentindo doente.

O Rei sorria através dos vapores do vinho.

— Como se compreende, John, que os grandes soldados possam ser tão grandes idiotas?

— E como poderia ser de outra forma? — respondeu John Evelyn. — Se os grandes homens não fossem idiotas, há muito que o mundo estaria destruído. Como poderia ser de outro modo? O disparate e a visão distorcida são os fundamentos do sucesso.

— Sugere, então, que a minha visão é distorcida?

— Não, Sir, de modo algum quis dizer isso!

— Nesse caso, compreendes...

— Gostaria de partir com Henry Morgan. Ele possui, para a pirataria, uma habilidade que o torna extraordinário. Vossa Majestade logo o concebeu como um grande administrador. Nomeia-o Tenente-Governador. Nesse gesto Vossa Majestade se assemelha à multidão. Acredita que, se um homem levou a bom termo alguma empresa grandiosa, dispõe de aptidões para fazer todo o resto igualmente bem. Se um homem for bem sucedido na criação de uma interminável linha de bagatelas mecânicas, logo Vossa Majestade o imagina capaz de comandar exércitos ou organizar governos. E julga assim porque é um bom Rei, tanto quanto um bom amante, e vice-versa.

— Como vice-versa?

— É apenas uma alternativa humorística, Sir. É um recurso de conversação para granjear um sorriso. Nada mais.

— Compreendo. Mas Morgan e os seus disparates...

— Evidentemente ele é um idiota, Sir. Do contrário, lavraria terras em Gales, ou cavaria minas. Ele ambicionava alguma coisa, e foi suficientemente tolo para supor que poderia obtê-la. Por causa da sua idiotice, conseguiu-a em parte. Lembre-se da princesa.

O Rei sorria novamente.

— Nunca encontrei um homem que dissesse a verdade a uma mulher, ou dissesse a verdade sobre uma mulher. A que se deverá isso, John?

— Talvez o possa compreender, Sir, se conseguir explicar-me o pequeno arranhão que tem logo abaixo do olho direito; esse aranhão não estava aí a noite passada, e tem toda a aparência de...

— Sim, sim. Foi um criado desastrado. Deixa-me falar de Morgan. Tens um modo, John, de insultar habilidosamente! Creio que, às vezes, não tens consciência do que dizes. Terás de perder esse costume se pretendes ficar algum tempo na corte.

III

Sir Henry Morgan estava sentado no banco dos juízes, em Port Royal. À sua frente, no chão, uma viva faixa de luz solar fazia como que a decoração de um túmulo. Através do aposento, uma orquestra de moscas ia entoando a sua sinfonia. As vozes lentas do conselho eram apenas um rumor mais baixo em contraposição a esse zumbido. Oficiais de justiça movimentavam-se sonolentamente de um lado para outro, e os casos prosseguiam.

— Estávamos no dia quinze do mês, meu senhor. Williamson foi à propriedade de Cartwright com o propósito de determinar, para sua própria satisfação, se a árvore lá estava tal como era descrita, meu senhor. Foi nessa ocasião...

O caso alcançava a sua monótona solução. Sir Henry, por trás da larga mesa, mexia-se preguiçosamente. Os guardas conduziram um vagabundo de ar triste, vestido com farrapos de velas.

— Acusado de roubar quatro biscoitos e um espelho de Fulano de Tal, meu senhor.

— As provas?

— Ele já confessou, meu senhor.

— Roubou ou não quatro biscoitos e um espelho?

A face do prisioneiro tornou-se ainda mais triste.

— Eu já disse.

— Meu senhor.. — acrescentou o guarda.

— Meu senhor. — repetiu o prisioneiro.

— Por que roubou essas coisas?

— Porque precisava delas.

— Diga "Meu senhor" — insistiu o guarda.

— Mas senhor. — acrescentou o prisioneiro.

— E para que precisava delas?

— Os biscoitos, queria-os para comer.

— Meu senhor!

— Meu senhor.

— E o espelho?

— Era para ver a minha própria figura.

— Meu senhor!

— Meu senhor.

Arrastaram o homem para a cela e trouxeram uma mulher magra e de aspecto asqueroso.

— Acusada de prostituição e incontinência, meu senhor.

— A incontinência é ilegal — disse sir Henry irritadamente. — Mas desde quando se está punindo a prostituição?

— Meu senhor, o caso especial desta mulher... A saúde pública determina... Pensamos que este caso pudesse ser enquadrado...

— Ah percebo! Deve ser encarcerada. Levem-na imediatamente.

A mulher começou a gritar e Sir Henry descansou a cabeça nas mãos. Nem olhou para os prisioneiros seguintes.

— Acusados de pirataria em alto mar, meu senhor. Prejudicaram a paz do Rei. Guerrearam uma nação amiga.

Sir Henry olhou rapidamente para os prisioneiros. Um homenzinho gordo, de olhos atemorizados, e um outro indivíduo magro, grisalho, que perdera um braço.

— Qual é a prova contra os presos?

— Cinco testemunhas, meu senhor.

— Sim? Façam a sua defesa!

O homem alto pusera o braço são por cima dos ombros do companheiro.

— Confessamo-nos culpados, meu senhor.

— Consideram-se culpados? — gritou sir Henry cheio de espanto. — Mas nenhum pirata se considera culpado! Isso é um caso em precedentes!

— Confessamo-nos culpados, meu senhor.

— Mas por quê?

— Cinquenta pessoas nos viram em ação, meu senhor. Para que havemos de obrigá-lo a perder seu precioso tempo, se cinquenta pessoas jurarão que nos viram? Estamos resignados, meu senhor. Estamos ambos satisfeitos com a nossa última ação e com as nossas vidas.

Sir Henry permaneceu silencioso durante algum tempo. Por fim, ergueu os olhos cansados:

— Condeno-os a morrer na forca.

— Na forca, meu senhor?

— Pendurados pelo pescoço, até morrerem.

— Vossa Excelência está muito mudado!

Sir Henry inclinou-se para frente e observou demoradamente os presos. Um sorriso lhe brotou nos lábios.

— Sim, — disse mansamente. — Estou mudado. O Henry Morgan que conheceram não é o Sir Henry Morgan que os condena à morte. Já não mato por necessidade, ou por ferocidade como dantes, mas friamente e porque tenho o dever de fazê-lo. — Ergueu a voz: — Esvaziem a sala e guardem as portas! Quero conversar em particular com estes presos.

Quando ficaram sozinhos, começou:

— Sei perfeitamente que estou mudado, mas digamme a diferença que notam.

Os Borgonheses olharam um para o outro.

— Fale você, Emil.

— Está mudado, Sir, e sua mudança é esta: dantes sabia o que estávamos fazendo. Tinha confiança em si mesmo.

— É verdade — interrompeu o outro. — Agora nada mais sabe e não confia em si próprio. Antigamente, era um homem, e num homem é possível confiar-se. Agora, o senhor tem muitas personalidades. Ainda que pudéssemos confiar numa delas, teríamos medo das outras.

Sir Henry riu.

— É mais ou menos a verdade. A culpa não é minha, mas é verdade. A civilização modifica o caráter, e aquele que recusar modificar-se, sucumbirá.

222

— Esquecemos a civilização graças à nossa Pátria! — murmurou Antoine ferozmente.

— Que pena ter de enforcá-los!

— Mas é assim tão necessário enforcar-nos? Não seria possível fugirmos ou obtermos o perdão?

— Não; precisam ser enforcados. Lamento muito, mas é preciso. Esse é o meu dever.

— Mas dever em relação a seus amigos, senhor, em relação a homens que pegaram em armas juntamente com sua pessoa, que derramaram o próprio sangue juntamente com o seu?

— Ouça, Outro Borgonhês, há duas espécies de dever, e você bem saberia disso se se lembrasse da sua França. Você mencionou uma espécie, que é a pior. O outro, o dever grandioso, que não pode ser visto, poderia denominar-se o dever das aparências. Não os vou mandar enforcar pelo fato de serem piratas, mas porque tenho o dever de mandar enforcar os piratas. Tenho muita pena de vocês. Gostaria de vos mandar para as vossas celas, com uma serra nos bolsos, mas não o posso fazer. Enquanto fizer o que esperam que eu faça, serei o Juiz. Mas quando eu, por qualquer motivo, falhar, poderei ser enforcado.

— Com efeito, senhor! — Voltou-se para o amigo que estava torcendo as mãos, tomado de terror. — Vê, Emil, tal é a situação! Não gosta de nos falar assim, porque se sente magoado. Talvez até, desta forma, esteja infligindo castigos a ele próprio, por alguma coisa que fez ou deixou de fazer. Talvez seja pensando em Chagres, Emil.

— Chagres? — exclamou Henry excitado, curvando-se mais uma vez para frente. — Que aconteceu em Chagres depois da minha partida? Conte-me!

— Foi amaldiçoado, Sir, como poucos homens o hão de ter sido até agora. Foi submetido às piores torturas, na imaginação dos homens. Devoraram-lhe o coração e mandaram sua alma para o inferno. Gostei muito de ver

223

aquilo tudo, pois bem sabia que cada um dos que ali vociferavam, embora o injuriasse, invejava-o secretamente. Sentiu-se orgulhoso do senhor.

— E dispersaram?

— Dispersaram e morreram, pobres crianças!

— Em todo o caso, eu devia ser odiado por ter assim logrado aqueles simplórios. E diga-me — sua voz tornouse ansiosa: — Fale-me do Panamá. Estivemos lá, não foi? Capturamos o Panamá e saqueamo-lo, hein? E fui eu que os comandei, não?

— Sim, houve uma grande luta e um oceano de pilhagens, mas o senhor conhece melhor do que nós este último detalhe.

— Às vezes, duvido de que este corpo tenha estado no Panamá. Estou convencido de que este cérebro não esteve lá. Gostaria de ficar aqui a conversar com vocês sobre os velhos tempos, mas minha esposa está-me esperando. Faz um barulho tremendo, cada vez que me atraso para o almoço. — Em seguida, disse com ar irônico: — Quando gostariam de ser enforcados?

Os Borgonheses estavam cochilando.

— Ora, outra vez esses "enforcados"! Quando gostaríamos de ser enforcados? Em qualquer ocasião, senhor. Não desejamos causar-lhe aborrecimentos, mas se insiste, a qualquer momento haverá um homem e uma ponta de corda. — Antoine aproximou-se da mesa. — Emil deseja fazer-lhe um último cumprimento, senhor! É um presente para sua esposa, um presente cuja história o torna muito valioso. Emil guardou esse presente para o fim, e com este talismã obteve grandes êxitos, pois na verdade se trata de um talismã, senhor. Mas Emil acha que a utilidade do talismã, em relação a ele, chegou ao fim e que, portanto, a série de acontecimentos ocasionados pelo seu tesouro cessou. Infelizmente, Emil não poderá usá-lo mais. Emil beija a mão de Lady

Morgan, apresentando-lhe os seus respeitos e humildes cumprimentos.

Atirou sobre a mesa uma pérola rosada e afastou-se rapidamente.

Depois de terem sido levados para fora, Sir Henry sentou-se em sua cadeira e observou a pérola. Em seguida, meteu-a no bolso e saiu para a rua.

Alcançou o branco e atarracado Palácio do Tenente-Governador, que estava exatamente como Sir Edward Morgan o deixara. Lady Morgan não se sentiria fiel à memória de seu pai se um só detalhe tivesse sido alterado. Ela veio ao encontro de Sir Henry:

— Vamos jantar com os Vaughans. E como nos vamos arranjar com o cocheiro, bêbedo como está? Tenho-lhe dito, muitas vezes, que tranque o seu gabinete, mas você não presta atenção ao que eu digo. Ele entrou no gabinete às escondidas e tirou uma garrafa da estante. Com certeza foi isso.

— Abra a sua mão, querida. Tenho um presente para você.

Colocou na mão dela a pérola rosada. Durante um momento, Lady Morgan contemplou a rósea esfera e suas faces coraram de prazer, mas depois, curiosa, perscrutou o rosto dele.

— Onde esteve?

— Onde estive? Naturalmente, presidindo a corte!

— Então, obteve isto na corte? — A face dela iluminou-se. — Já sei! Você desconfiou de que não gostei dos seus modos de ontem à noite. Você estava positivamente intoxicado, se deseja saber a verdade, e toda a gente murmurava e olhava para você. Não diga nada. Você viu e eu também vi. Agora deseja subornar meus sentimentos, minha decência.

— Na verdade desconfiei do seu descontentamento, querida; desconfiei durante todo o trajeto da volta e quase toda a noite estive preocupado. Você tem razão.

Desconfiei muito de que você não estava satisfeita. Tinha certeza disso. Mas vou contar-lhe a verdade sobre esta pérola.

— Vai contar-me a verdade apenas porque sabe que não pode enganar-me Henry. Quando deixará de supor que não conheço os seus menores pensamentos?

— Mas eu não tentei enganá-la! Você não me deu tempo para falar!

— Dizer a verdade não toma mais tempo do que...

— Ouça-me, Elizabeth, por favor. Julguei dois piratas esta manhã e eles me deram isto.

— Deram-lhe isto? — disse ela esboçando um sorriso superior. — Por quê? Libertou-os? Seria muito do seu feitio libertá-los. Às vezes, penso que, se não fosse eu, você ainda seria um deles. Você não parece compreender, Henry, que fui realmente eu quem fez de você o que é — um nobre e um cavalheiro. Tudo o que você conseguiu foi ser uma pirata. Mas diga-me, deu liberdade a esses piratas?

— Não. Condenei-os à morte.

— E eles deram-lhe a pérola?

— Minha querida, deram-ma porque de nada mais lhes servia. Podiam tê-la dado ao carrasco, mas não era natural que fossem presentear o homem que lhes punha a corda no pescoço. Acho que não é possível ter-se simpatia por um carrasco. De modo que lhe deram — sorriu francamente e com simplicidade — e eu estou dando-a a você porque a amo.

— Bem, posso facilmente admitir a verdade sobre os piratas, mas quanto à sua afeição, você só me ama quando está sob as minhas vistas, e nada mais. Conheço-o muito bem. Estou satisfeita por ter mandado enforcar os piratas. Lord Vaughan diz que eles constituem um perigo até para nós. De um momento para outro podem deixar de combater a Espanha e voltar-se contra nós. Diz que são como cães hidrófobos, que devem ser exterminados o mais depressa possível. Sinto-me um pouco mais segura cada vez que um deles desaparece.

— Mas, minha querida, Lord Vaughan nada sabe a respeito de bucaneiros, ao passo que eu...

— Henry, por que é que você me prende aqui com o seu falatório, quando sabe que tenho um mundo de coisas a fazer? Pensa, porque dispõe livremente do seu tempo, que posso acompanhá-lo nessas tolices? Vá antes ver o cocheiro, pois ficarei muito aborrecida se ele não estiver pronto. A libré dele não servirá em Jacob nem com todas as compressões possíveis. Já lhe disse que ele está embriagado. Faça-o ficar bom esta noite, nem que seja preciso afogá-lo. Ande, apresse-se. Não ficarei tranquila enquanto não souber que ele se poderá sentar corretamente.

Virou-se para entrar na casa, mas tornou a voltar-se e o beijou na face.

— É realmente uma bonita pérola! Obrigada, querido. Vou levá-la o Monsieur Banzet, para ser avaliada. Depois do que Lord Vaughan me disse, tenho muito pouca fé nos piratas. Bem poderiam ter-lhe dado uma pérola artificial e você jamais conheceria a diferença.

Sir Henry encaminhou-se para as cocheiras. Agora, como em várias outras ocasiões, experimentava um certo mal-estar. De vez em quando vinha-lhe a sensação de que apesar de todas as declamações para o convencer, Elizabeth não o conhecia intimamente. Era desagradável.

IV

Sir Henry Morgan estava deitado numa enorme cama, tão grande quanto seu corpo, sob as cobertas, parecia uma nívea montanha dividindo em duas partes uma grande planície. Os olhos brilhantes dos seus ancestrais fitavam-no das paredes. Em suas faces, havia irônicos sorrisos que diziam: "Ah, sim, um nobre! Mas nós sabemos como você comprou sua nobreza". A atmosfera do aposento era pesada, espessa e quente. É sempre assim a atmosfera de um quarto onde um homem está para morrer.

Sir Henry fitava o teto. Durante mais de uma hora estivera perturbado com esse misterioso teto. Não tinha nenhum suporte no centro. Por que não caía? A noite ia alta. A seu lado estavam todos silenciosos, movendo-se furtivamente como se fossem fantasmas. Pareciam tentar convencê-lo de que já estava morto. Fechou os olhos. Estava muito cansado ou muito indiferente para os manter abertos. Ouviu o médico chegar e observar-lhe o pulso. Uma voz grossa e segura disse: "Sinto muito, Lady Morgan, mas nada mais se pode fazer. Nem mesmo sei qual é a moléstia. Talvez uma antiga febre das florestas. Poderia sangrá-lo ainda uma vez, mas já extraímos uma grande quantidade de sangue sem resultado nenhum. Em todo o caso, se ele entrar na agonia, tentarei de novo".

— Está, então, perdido? — perguntou Lady Morgan.

Pareceu a Henry que ela demonstrava mais curiosidade do que preocupação.

— Se Deus não intervier, ninguém o poderá salvar. Somente Deus sabe os males que o afligem.

Em seguida, todos saíram do quarto. Henry sentiu que sua esposa ficara sentada à beira da cama. Ouvia-a chorar mansamente. "Que pena — pensou — eu não poder acabar a bordo de um navio! Assim ela poderia arrumar a minha mala. Dar-lhe-ia muita satisfação saber que eu estava entrando no céu com uma correta mortalha de linho branco.

— Oh, meu esposo! Oh, Henry, meu esposo!

Ele voltou a cabeça, fitou-a com curiosidade e seu olhar penetrou fundamente nos olhos dela. De repente, tomou-se de desespero.

228

"Esta mulher ama-me — pensou consigo mesmo. — Esta mulher ama-me e eu nunca o percebi. Era-me impossível conhecer essa espécie de amor. Os olhos dela... os olhares dela estão muito para além da minha compreensão. Amou-me sempre? — tornou a fitá-la. — Está muito perto de Deus. Acho que as mulheres estão mais próximas de Deus, como brilham os seus olhos! Ela ama-me. Entre todas as suas ameaças, tormentos e tristezas, ela sempre me amou e eu nunca o soube. E que poderia ter feito, se o soubesse?"

Virou-se para o outro lado. Sua amargura era muito grande, muito evidente e muito extraordinária para ser vista. É terrível ver a alma de uma mulher brilhando através dos seus olhos.

Henry estava à morte. Se a morte fosse assim, não seria desagradável. Sentia-se quente e fatigado. Poderia mergulhar no sonho e isso talvez fosse a morte — a Irmã Morte. Percebia que outras pessoas haviam entrado no quarto. Sua esposa inclinou-se sobre os seus olhos espantados, e teria ficado incomodada ao saber que ele podia virar a cabeça, caso o desejasse.

— É o vigário, querido — disse-lhe ela. — Seja amável. Ouça-o. Talvez o ajude nos caminhos do além.

Ah! Era religiosa! Tentava uma acordo com o Todo Poderoso! Sua afeição era eficaz, mas seu amor horrível. Henry sentiu na pele uma quente e suave mão. Uma voz religiosa falou-lhe, mas era difícil ouvir. O teto oscilava perigosamente.

— Deus é o amor — dizia a voz. — Tenha fé em Deus.

— Deus é o amor — repetia Henry como um eco.

— Vamos rezar. — continuou a voz.

Subitamente, Henry lembrou-se da sua infância. Estava mortificado por uma dor de ouvido e sua mãe apertava-o nos braços. Acariciava-lhe o braço com a ponta dos dedos. "Não é nada! dizia. Recordou o tom da sua voz. "Não é nada. Deus é o Amor. Ele não permitirá que os meninos sofram. Agora diga comigo: O senhor é o meu pastor. Não desejarei..." Era como se lhe tivesse aplicado um bálsamo. Com a mesma voz ordinária: "Vem tomar este remédio".

Henry sentiu os dedos mornos do vigário prenderem-lhe o pulso e iniciarem um movimento caricioso.

— O senhor é o meu pastor. Não desejarei... — repetiu Henry em voz sonolenta. — Ele me fará repousar nas verdes paragens.

A carícia continuava, porém mais forte. A voz do vigário tornava-se mais baixa e autoritária. Era como se, após anos de paciente espera, a Igreja conseguisse, por fim, enredar Henry Morgan. Havia qualquer coisa amorosa naquela voz.

— Arrependeu-se de seus pecados, Sir Henry?

— Meus pecados? Não, não pensei neles. Posso arrepender-me do Panamá?

O vigário estava embaraçado.

— Bem, o Panamá foi uma conquista patriótica. O Rei aprovou-a. Além disso aquele era um povo de papistas.

— Mas então, quais são os meus pecados? — perguntou. — Só me lembro do mais agradável e mais doloroso deles. Mas não quero arrepender-me dos pecados agradáveis. E os pecados dolorosos trazem consigo a expiação como punhais ocultos. Como posso arrepender-me, senhor? Teria de percorrer toda a minha vida, enumerando-os e arrependendo-me de todos os meus atos, desde a queda da minha primeira dentição até à minha última visita a um lupanar. Poderia arrepender-me de tudo o que me fosse possível lembrar, mas se esquecesse um só pecado, todo o trabalho seria perdido.

— Arrependeu-se de seus pecados, Sir Henry?

Morgan compreendeu, então, que não estivera falando. Era-lhe difícil falar. A língua tornara-se-lhe pesada e preguiçosa.

230

— Não, — murmurou. — Não posso lembrar-me deles muito bem.

— Deve procurar saber se em seu coração há avidez, luxúria e inveja. Precisa estirpar a maldade do seu coração.

— Mas senhor, não me recordo de ter sido conscientemente mau. Pratiquei atos que posteriormente foram considerados maus, mas quando os praticava tinha sempre em vista um bom objetivo.

De novo lhe veio a consciência de não estar falando. Henry fez um violento esforço com a língua.

— Não! — gritou.

— Mas nunca rezou antes?

— Sim, rezei porque minha mãe gostava disso. Ela ficaria satisfeita se eu rezasse ainda uma vez, mais como uma prova dos seus ensinamentos do que por qualquer outra razão. Teria, assim, a certeza de haver cumprido os seus deveres para comigo.

— Quer morrer herege, Sir Henry? Não tem medo da morte?

— Estou demasiado cansado, senhor, ou demasiado indolente para poder examinar agora problemas de heresia. Não, não estou com medo da morte. Presenciei muita violência e nenhum dos homens que admirei teve jamais medo da morte, mas apenas da agonia. Considere, senhor, que a morte é um fenômeno intelectual, ao passo que a agonia é apenas sofrimento. E esta minha morte é muito agradável. Não, senhor; não temo nem mesmo a agonia. É confortável e seria silenciosa se eu pudesse ficar sozinho. É como se estivesse adormecendo após um violento esforço.

De novo a voz do vigário lhe chegou aos ouvidos, mas embora ainda sentisse a carícia da mão leve, a voz parecia vir de enorme distância.

— Ele não me responderá — dizia o vigário. — Estou aflito por causa da sua alma.

Percebeu, então, que sua esposa lhe dirigia a palavra:

— Precisa rezar, querido. É assim que todos fazem. Como há-de ir para o céu se não rezar?

Lá estava ela outra vez, tentando um acordo com Deus. Não a queria ouvir. Embora a filosofia dela fosse ingênua, seus olhos eram tão profundos e tristes como o infinito firmamento. Gostaria de dizer-lhe: "Não quero ir para o céu depois de morto. Não quero que me incomodem!" Estavam fazendo um excessivo alvoroço por causa da sua morte.

O médico voltara ao quarto, proclamando com voz forte:

— Está inconsciente. Creio que o vou sangrar outra vez.

Henry sentiu o bisturi rasgar-lhe o braço. Era agradável. Gostaria que o cortassem outra vez, ainda outra vez. Mas era uma ilusão contraditória. Quando a sensação do sangue o abandonou, sentiu um calor percorrer-lhe o corpo. Peito e braços latejavam como se um vinho forte e velho lhe estivesse percorrendo as veias.

Uma estranha mudança começou a apoderar-se dele. Verificou que podia enxergar através das pálpebras, podia ver tudo em torno de si sem mover a cabeça. O médico, sua esposa, o vigário, todo o aposento parecia estar fugindo.

"Estão-se movendo — pensou. — Eu não me movo. Estou parado. Sou o centro de todas as cousas e não posso mover-me. Estou tão pesado como o Universo. Talvez eu seja o Universo!"

Uma doce e leve música fluía-lhe sobre o entendimento, um rico e vibrante som de órgão, que se ia apoderando dele, parecia emanar-lhe do cérebro, inundar-lhe o corpo, espalhar-se pelo mundo. Percebeu, com alguma surpresa, que o quarto se sumira. Estava deitado numa imensa caverna, ao longo de cujas paredes se viam grossas e baixas fileiras de colunas de cristal verde e brilhante. Tentava reclinar-se e a caverna ia fugindo dele. De repente, todo o movimento cessou, e viu-se cercado de estranhos seres, com corpos de crianças e enormes cabeças onde se não viam faces. O lugar onde as faces deveriam estar, era inteiriço e sólido. Esses seres tagarelavam em voz seca e rouquenha. Henry maravilhava-se de os ouvir falar sem boca.

Lentamente começou a compreender que se tratava das suas ações e pensamentos, já no seio da Irmã Morte. Cada qual viera imediatamente viver com ela, tão depressa fora feito ou formulado. Logo que os identificou, todos correram a amontoar-se em volta do seu leito.

— Por que foi que me fizeste? — gritava uma.

— Não sei. Não me lembro de ti.

— Por que me formulaste?

— Não sei. Talvez devesse saber, mas esqueci. Minha memória está fugindo aqui nesta gruta.

Abordavam-no insistentemente, e suas vozes iam-se tornando mais estridentes e ásperas, de modo que logo superaram o som da música.

— Responde-me!

— Não, é a mim que deves responder.

— Oh, deixem-me! Deixem-me descansar — disse Henry fatigadamente. — Estou cansadíssimo e não posso dizer-lhes mais nada.

Viu, então, que os pequeninos seres se iam curvando à aproximação de um vulto. Viravam-se para o vulto e curvavam-se, e por fim ajoelhavam-se à sua frente com os braços erguidos e trêmulos, em gestos de súplica.

Henry fixou-se no vulto. Era Elizabeth que se encaminhava para ele, a pequena Elizabeth de cabelos dourados, tendo na face um ar de avisada juventude. Estava coberta de centáureas e tinha os olhos singularmente inquietos e brilhantes. Com um ligeiro movimento de surpresa, notou a presença de Henry.

— Sou Elizabeth — disse ela. — Por que não me visitou antes da sua partida?

— Que sei eu? Acho que tinha medo de falar com você. Mas fiquei no escuro, diante da sua janela, e assoviei.

— Sim? — disse ela sorrindo satisfeita. — Foi amabilidade sua. Mas não consigo compreender porque você teve medo de mim, que era uma menina. Foi tolice sua.

— Não sei porque — continuou ele. — Fugi. Era impelido por uma força que está abandonando o mundo. Minhas recordações estão-me abandonando uma por uma, como um bando de cisnes velhos que voam para alguma ilha solitária, a fim de ali morrerem. Você tornou-se uma princesa, não foi? — perguntou ele ansiosamente.

— Sim, talvez fosse isso; espero que sim. Também esqueci. Mas diga-me, você ficou realmente lá no escuro?

Henry notou uma coisa curiosa: se ela fitasse um dos pequenos seres sem face, este imediatamnete desaparecia. Divertiu-se a olhar primeiro para um, depois para outro até que todos desapareceram.

— Você ficou realmente lá no escuro?

— Não sei. Talvez tivesse apenas pensado nisso.

Olhou para Elizabeth, mas também ela desaparecera. No lugar onde ela estivera, havia uma fogueira chamejante, cuja luz se ia extinguindo.

— Espere, Elizabeth, espere. D iga-me onde está meu pai. Quero ver meu pai.

A fogueira agonizante respondeu-lhe:

— Seu pai está muito feliz. Tinha medo de experimentar a morte.

234

— E Merlin, então, onde está Merlin? Se eu pudesse encontrá-lo...

— Merlin? Você devia saber! Merlin é o bando de sonhos do Avalon.

O fogo abandonava as cinzas com uma forte crepitação. Não havia mais luz em parte alguma e durante um momento Henry teve a consciência da profunda e terna pulsação do Som.

A presente edição de TEMPOS PASSADOS de John Steinbeck é o volume número 46 da coleção Rosa dos Ventos. Capa Cláudio Martins. Impressa na Líthera Maciel Editora e Gráfica Ltda., à rua Simão Antônio 1.070 - Contagem, para a Editora Itatiaia, à Rua São Geraldo, 67 - Belo Horizonte - MG. No catálogo geral leva o número 0744/4B. ISBN 85-319-0439-0.